国家出版基金项目
NATIONAL PUBLICATION FOUNDATION

智慧教育发展丛书

黄荣怀/主编

智慧教育
访谈录

曾海军　田　立
任萍萍　张　卓
//////////　编

COLLECTED INTERVIEWS OF
SMART EDUCATION

教育科学出版社
·北京·

出 版 人　郑豪杰
责任编辑　王　瑞
版式设计　郝晓红
责任校对　贾静芳
责任印制　米　扬

图书在版编目（CIP）数据

智慧教育访谈录 / 曾海军等编. —北京：教育科
学出版社，2024.6
（智慧教育发展丛书 / 黄荣怀主编）
ISBN 978-7-5191-3578-2

Ⅰ．①智…　Ⅱ．①曾…　Ⅲ.①教育质量—发展—研究
Ⅳ．①G40-058.1

中国国家版本馆CIP数据核字（2024）第051619号

智慧教育发展丛书

智慧教育访谈录

ZHIHUI JIAOYU FANGTANLU

出 版 发 行	教育科学出版社		
社　　　址	北京·朝阳区安慧北里安园甲9号	邮　　编	100101
总编室电话	010-64981290	编辑部电话	010-64981280
出版部电话	010-64989487	市场部电话	010-64989009
传　　　真	010-64891796	网　　址	http://www.esph.com.cn
经　　　销	各地新华书店		
制　　　作	北京京久科创文化有限公司		
印　　　刷	北京广达印刷有限公司		
开　　　本	720毫米×1020毫米　1/16	版　　次	2024年6月第1版
印　　　张	13.25	印　　次	2024年6月第1次印刷
字　　　数	192千	定　　价	45.00元

丛书序言

随着新一轮科技革命的加速演进，新兴数字技术的发展给人类的生产、生活与思维方式带来了根本性、基础性、颠覆性的影响，表现为生产方式的转变与产业结构的调整、人类生存状态与生活图景的重塑和全球创新版图的重构。智能技术驱动的科技进步引发了社会结构的改变，教育作为最重要的社会子系统，必须洞悉时代需求，做出回应时代发展的积极变革。教育的教学组织形式与服务模式正在发生巨变，呈现出与科技深度融合的趋势和加速变革的特征。

纵观人类的发展历史，我们从农业时代、工业时代到如今的数字时代，每个时期的教育都有其特定的历史背景，也有其所追求的教育智慧。时代的发展与科技的进步推动着人才需求结构与人才培养目标的变化，驱动着教育的顺应与调整。当前，数字教育已经成为国际关注的焦点，推动实现教育数字化转型是当下教育改革与发展的关键内容。全球教育正面临国际竞争加剧、气候环境危机与生成式人工智能快速演进等带来的严峻挑战，迫切需要充分发掘数字革命的力量。世界各国都在积极制定教育数字化发展战略，以应对现实挑战并助力实现 2030 年可持续发展议程。响应国际教育发展趋势，中国政府在联合国教育变革峰会上承诺，将进一步实施《中国教育现代化 2035》，优先发展教育事业，发展更加公平包容的优质教育，培养适应未来社会的新一代，构建全民终身学习的教育体系，积极推进教育数字化转型，并不断扩大国际教育交流与合作。

《中国教育现代化 2035》是新时代推进教育现代化、建设教育强国的纲领性文件，系统谋划了我国教育现代化的战略愿景，为我国教育变革指明了前路。文件提出要加快信息化时代教育变革，强调利用现代技术加快推动人才培养模式改革，实现规模化教育与个性化培养的有机结合。党的二十大报告指出："推进教育数字化，建设全民终身学习的学习型社会、学习型大国。"

这是以习近平同志为核心的党中央确定的新时代"实施科教兴国战略，强化现代化建设人才支撑"目标任务中，关于教育创新的具有前瞻性、全局性的重要战略决策。

推进面向全民终身学习的学习型社会和学习型大国建设，教育数字化转型是关键手段——教育数字化是学习型社会和学习型大国的核心组成部分。教育数字化转型是从战略层面进行系统规划，在教育系统中实施全要素、全流程、全业务和全领域的数字化进程，扩大"人人皆学"的覆盖范围、拓宽"处处能学"的空间广度、延展"时时可学"的时间尺度，从而构筑满足全民终身学习需求、开放灵活、可持续发展的学习型社会。面对我国教育现代化的宏伟目标和教育改革发展的核心问题，更应发挥教育数字化作为教育发展新赛道和新优势的突破口作用，全面推进教育数字化战略行动，为实现教育现代化目标提供有效支撑。

作为教育数字化转型的目标形态，智慧教育的发展目标是在技术与教育深入融合的基础上，促进教育理念、教育过程、基础环境、评价方式、管理模式等发生全面转型，以驱动教育深层次、系统性变革，从而引领教育系统走向整体革新。智慧教育是一种由学校、区域或国家提供的以高学习体验、高内容适配和高教学效率为特征的教育行为（系统），它能利用现代科学技术为学生、教师和家长等提供一系列差异化的支持和按需服务，能全面采集并分析参与者群体的状态数据和教育教学过程数据来促进公平、持续改进绩效并孕育教育的卓越。随着技术与教育的深度融合，智慧教育展现出全新的特征，体现为一个国家或区域智慧教育生态的表现性特征和智慧教育系统的建构性特征。智慧教育的表现性特征反映了人们对智慧教育作为"发展目标"的共同愿景，层层递进、相互关联，立体化、全景式地描绘了智慧教育生态的应然图景，遵循共识性、指向性和稳定性原则，具体表现为以学生为中心的教学、全面发展的学习评估、泛在的智慧学习环境、持续改进的教育文化和对教育包容与公平的坚守。智慧教育的建构性特征则反映了智慧教育"实践取径"的任务与使命，与教育数字化转型同频共振，系统性、具象化地指明了智慧教育建设的实践方向，符合操作性、阶段性和多样性原则，具体表现为积极性学生社交社群建构、教师发展的优先支持计划、合乎科技伦理的技术应用、可持续的教育改革规划和有效的跨部门跨域协同。

智慧教育生态的构建是持续的、生成的和变革的过程，需要前瞻性的顶层设计、多主体的协同联动、技术供给与教育场景需求的持续互动与演进、科技与教育系统性融合的效能转换等，以形成以人为本、具有韧性、可持续的未来教育格局。为促进我国教育数字化转型与智能升级，全面构建智慧教育新生态，助力建设教育强国，亟须挖掘智慧教育学术价值，展示和提炼人工智能教育与教育数字化转型的实践经验，增强对未来教育的解释力和指导性。

我们组织有关专家共同编写了"智慧教育发展丛书"，具有理论著作、典型案例、专家访谈录等多种形式，涵盖了智慧教育基础理论、师生数字素养、学习分析技术、智能化测评、智慧教育案例、教育信息化治理等诸多方面。期待丛书能为教育决策和管理部门、教育研究工作者以及一线校长和教师提供相关参考和指导。

黄荣怀

2024 年 4 月

前　言

教育数字化是我国开辟教育发展新赛道和塑造教育发展新优势的重要突破口。数字教育应是公平包容、更有质量、适合人人、绿色发展、开放合作的教育。作为数字时代的教育新形态，智慧教育是推进公平包容的优质教育、让全民享有终身学习机会的必然选择。

从教育数字化变革的视角看，智慧教育的新特征体现为两方面，一是国家或区域智慧教育生态的关键表现性特征，即智慧教育的"发展目标"，包括以学生为中心的教学、全面发展的学习评估、泛在的智慧学习环境、持续改进的教育文化，以及对教育包容与公平的坚守；二是智慧教育系统的辅助建构性特征，即智慧教育的"实践取径"，包括积极性学生社交社群建构、教师发展的优先支持计划、合乎科技伦理的技术应用、可持续的教育改革规划，以及有效的跨部门跨域协同。智慧学习环境传递教育智慧，新型教学模式启迪学生智慧，现代教育制度孕育人类智慧，"慧"从师出，"能"自环境，"变"在形态。

2018年4月，《教育信息化2.0行动计划》提出实施智慧教育创新发展行动。2019年和2020年，教育部分两批确定了18个"智慧教育示范区"创建区域和2个培育区域。"智慧教育示范区"是指在地方政府支持下，教育行政部门统筹相关机构，充分发挥市场机制的作用，利用新一代信息技术，为学生、教师和家长等提供个性化支持和精准化服务，采集并分析参与者群体的状态数据和教育教学过程数据，促进学生在任意时间、任意地点，采用任意方式、任意步调进行学习，为该区域师生提供高学习体验、高内容适配和高教学效率的教育供给，以促进教育公平、提高教育质量。"智慧教育示范区"是一次开创性探索，是智慧教育研究和实践的"沃土"。

为纵深推进教育数字化战略行动，深入发展智慧教育，加强智慧教育优秀案例传播和经验分享，"智慧教育示范区"创建项目专家组秘书处联合中国教育电视台、北京师范大学智慧学习研究院、教育部教育信息化战略研究基地等共同推出了《智慧教育大讲堂》高端访谈节目。本书正基于此编写而成，内容围绕教育数字化转型与智慧教育、"互联网＋教育"、智能技术发展与教育应用、新型教学模式、数字化学习与评价、人工智能助推教师发展、师生数字素养、智慧学习环境、数字化资源共创共享、STEAM 教育、教育数字化治理、智慧教育可持续发展、科技赋能智慧教育等主题展开，共邀请了 50 位专家学者、教育管理者和一线教育工作者等，通过深度对话，探讨可推广的先进经验与优秀案例，形成支撑和引领教育现代化的新途径和新模式，从而探索一条有望解决当下智慧教育发展的可行性路径。

一是主动应对数字化转型新挑战。教育部提出实施教育数字化战略行动，加快推进教育数字转型和智能升级。推进教育数字化，发展智慧教育要立足自主理论和实践创新，实现从跟跑、并跑到领跑的超越，走具有中国特色的智慧教育发展道路。钟秉林认为，教育领域的数字化转型是适应经济社会发展的必然要求，也是教育自身和信息技术融合、迭代的必然要求。信息技术与教育教学融合使知识传递方式发生变化，教师由知识的传递者转型成为教学活动的设计者和组织者。陈丽认为，"互联网＋教育"、教育数字化转型是一个过程，必将为教育更好地适应国家发展、民族复兴、新时代人民群众对教育的新需要服务。范贤睿认为，数字化转型以立德树人为根本任务，以现代信息技术与教育教学深度有机融合为核心，相互促进，共同发展。熊秋菊介绍，上海市长宁区通过整区推进，形成了"标准化＋个性化"的数字化转型的可行之路。

二是利用智能技术促进教师教育发展。教育数字化与人工智能既是教师转型的时代背景，也是应对挑战、推动教师转型的重要方法手段。桑国元认为，智能时代要持续完善教师教育新生态建设，要注重利用智能技术赋能职前和职后教师培训。闫寒冰认为，智能技术在赋能教师职后培训模式上从体系化的离境培训转变为支持线上线下融合的真实教育场景中的学习和培训。余胜泉认为，人工智能赋能教师发展从试点、示范走向常态化的过程中要重点关注为教师减负。顾小清认为，利用人工智能对教师教学能力进行诊断，提供相应的发展建议、学习内容、教学改进支持手段和措施，有利于促进教师专业发展。尚俊杰认为，在利用人工智能进行教学的过程中，教师要特别注重将学习科学、游戏化学习与人工智能教育相结合。段元丽介绍了蚌埠市开展的人工智能助推教师队伍建设试点工作情况。

三是以数字化提升教育治理能力。 一些区域和学校统筹推进数字技术与教育管理、教育教学广泛深度融合，进一步增强教育智治能力，反哺促进了区域和学校的发展。童莉莉认为，我国教育数字化治理在内容准入标准、个人信息保护、教育类软件产品监管、学生认知评价等方面取得了一定成效。吕明杰认为，教育数字化治理要以学习者为中心，以多元共治为手段，构建以终身学习的学习者为中心的教育社会治理体系。李兵认为，教育数字化的治理要以数据的无感知采集、全体系汇聚、精准化提炼，让数据有效服务于决策。张宪国介绍，北京市搭建了"1+6+N"模式下的教育大数据平台，为教育管理部门、区教委、学校提供教育数据，服务教育管理与决策。杨现民认为，大数据在推动教育发展转型的过程中，显著增强了教育发展的智能性和科学性，有利于开展数据驱动的精准教学改革。黄磊认为，大数据在教育领域应用要关注数据安全与学生个人隐私，数据采集后要形成可持续发展生态。

四是发挥优质教育资源促进教育公平的作用。 国家智慧教育公共服务平台汇聚了全国基础教育、高等教育、职业教育优质数字资源，惠及近3亿在校生以及广大社会学习者，实现了"人人皆学、时时能学、处处可学"。曾晓东认为，国家智慧教育公共服务平台为接入网络、有学习终端的学生提供了丰富的基础教育资源，发挥了"虚拟图书馆"的作用。李玉顺认为，数字教育资源的普及促进了教师教学能力提升，变革了学生学习方式，推动了教育公平实践。柯清超认为，教育行政部门要规模化推动优质资源应用，教研部门要不断提高教育资源的供给服务，教师要持续更新教育教学理念，学生要掌握数字化学习能力，以进一步扩大优质教育资源的覆盖面。郭绍青认为，教育数字化从促进数字教育资源共享、推动乡村教师专业发展、提供"互联网+"智力资源服务等方面提升了乡村教育的整体教学质量。

五是充分挖掘师生数字素养的价值。 教育数字化转型的难点和重点在于师生数字素养的提升。提升师生数字素养不仅是培养数字时代合格公民的必然要求，也是推进教育数字化转型的关键所在。熊璋认为，数字素养包括信息意识、计算思维、数字化学习与创新、信息社会责任四个维度。数字素养与技能有利于培养学生对社会发展的适应力、胜任力、创造力，有利于培养合格的社会主义建设者和接班人，促进我国持续发展。樊磊认为，从理念层面要加深对数字素养与技能的潜力和价值的认识，从实践层面要把数字素养的理念贯彻到教学实践、教学组织活动、教学评价等各环节中。方海光认为，新时代数字素养应当成为教师必备的基本素养之一，要以新思维做好教学设计。王骋分享了宁夏在"互联网＋教育"示范区建设中的实践与经验，将提升教师数字素养作为推进课堂教学变革的重中之重，着力打造适应人工智能、大数据等新技术变革的新时代教师队伍。

六是以数字化手段推进教育公共服务体系建设。教育公共服务体系建设是解决教育发展不平衡不充分问题，建设高质量教育体系、支撑教育强国建设的重要抓手。王珠珠认为，网络学习空间给师生提供了新的学习渠道和学习场所，促进了资源共享和相互激励。网络学习空间有助于伴随性数据采集，赋能教师培训和教育教学评价。吴砥认为，数字化手段可以提供更加面向学习过程的多元化评价，支撑面向知识、能力和素养，强调学生综合性发展的学习评价改革。蔡可介绍，"基于教学改革、融合信息技术的新型教与学模式"实验区的工作中，利用融媒体资源做好线下辅助性教学，利用工具、软件、平台推进互动式教学，围绕空间变革推进翻转式课堂和混合式学习。郭炯认为网络学习空间是获取各级各类公益性优质资源的主渠道，通过数字教育资源和生成性资源共享，促进优质教育资源共创共享。缪雅琴介绍，长沙市构建智慧教育云平台，倡导空间赋能，打造了长沙智慧教育新生态。

七是智慧学习环境是智慧教育生态建设的关键。智慧学习环境是加快信息化时代教育变革的基础，区域和学校以网络、平台、资源为支撑，以安全可信为保障，立足建设智慧校园与开发创新应用，不断提升教育可持续发展能力。武法提认为，智慧学习环境是技术赋能教育的价值体现。智慧学习环境是能够记录学习者学习过程，感知教学场景，对教学做出评价，并且给出干预的智能条件体系。周跃良认为，智慧学习环境有助于在大规模教学的情况下实现个性化学习，促进教师对学生的全面理解和教师专业发展。李葆萍认为，智慧校园是数字校园的高级形态，具备互联化、物联化和智能化的特征。王运武认为，智慧校园=智慧型基础设施+智慧型资源+118工程（1个教育大数据中心+1个信息门户+8类应用系统）。曲飞介绍，沈阳市大东区建设智慧校园，搭建了智慧教育"1+1+3"的发展模式，促进了学习场景、教学方式、教育管理的转型升级。杨俊达介绍，常熟市95%以上的学校已经创建成为江苏省智慧校园，促进信息技术与教育教学深度融合。吴颖惠从基础设施建设、平台开发与应用、智慧教室改造三个方面分享了北京市海淀区推进智慧教育发展的举措。

八是新型教学模式赋能未来教育教学新样态。为了培养新时代所需的拔尖创新人才，亟须利用智能技术变革传统教学模式，真正实现以学生为中心的教学，切实提升学生的自主学习能力与创新能力。钟绍春认为，常规教学条件下，教师无法动态、及时获取学生的学习情况来做出课堂调整。新型教学模式以课程理念、素养导向为背景，通过利用活动实施工具，打破课堂组织结构，利用大数据进行实时动态的精准评测，突破原有课堂教学中的瓶颈问题。孙众认为，构建新型教学模式要关注正确教育理念指导，适切、科学的教学设计，丰富切实的优质资源，新技术支持和教学评价等方面。曹晓明认为，新型教学模式的构建给教学改革提供了载体，在教学手段、教学环境、教学结构、教学评价、课堂样态五个维度方面相较于传统教学有所改进和突破。

九是注重发挥科技赋能智慧教育的作用。智慧教育是利用智能技术支撑教育全领域、全要素、全业务和全流程的数字化转型和智能升级。陈光巨认为，科技赋能智慧教育呈现出从示范走向规模、从辅助转向改变、从学校走向全域的特点。嵩天认为，基础网络、大数据、人工智能、区块链是发展智慧教育所需的关键技术。吴飞认为，在发展智能教育的过程中，人工智能是辅助的工具和手段，技术促进教育发展要围绕教育教学重要场景中的关键问题。吴文峻认为，技术赋能教育主要应用在人工智能批改作业、人工智能助教服务、人工智能技术课程和虚拟实验等场景。傅骞认为，要将创客教育的理念落实到各个课程中，培养学生的创客精神。刘革平认为，元宇宙通过赋能智慧教育环境、提供多样化教育资源、创新教育教学模式、支持多样化学习活动、促进智能化教学评价等推进教育发展。蔡苏认为，职业教育借助虚拟现实技术，为学生创设虚拟实验环境，与真实的实验学习互为补充，以减少实验仪器设备维护成本。李华分享了重庆市沙坪坝区树人景瑞小学利用科技赋能智慧教育的探索实践。

十是加强智慧教育国际传播。教育科学研究和实践要"自信"，既要学习借鉴国外先进的教育经验，更要立足中国国情和教育实际，加强对国内生动、鲜活教育实践的研究和国际传播。黄荣怀认为，除了按照"需求牵引、应用为王、服务至上"的原则，以教育信息化推动教育高质量发展，面向全球经济危机和学习危机，中国需要在国际上更多地发出中国声音，为世界智慧教育发展贡献中国智慧与中国方案，努力成为智慧教育的国际引领者。薛二勇认为，近十年智慧教育在国际上发展的势头迅猛，各国普遍认识到要通过技术促进教育资源优化配置，推进个性化教育和教育评价方式的变革。杨俊锋介绍，联合国教科文组织发布的"教育的未来"报告给我国智慧教育发展带来了新思考。新阶段要做好教育新基建、"智慧教育示范区"等优秀经验的国际传播，推进形成国际智慧教育共同体。

专家认为，新时代我国智慧教育在取得高质量发展的同时也面临着一些问题与挑战。例如，技术应用不规范，隐私和数据安全保护机制不健全；乡村地区教育数字化发展程度不均衡；数字教育鸿沟；智慧教育如何融入新发展格局等。

基于《智慧教育大讲堂》节目，我们编写了本书。感谢50位访谈专家对节目录制及本书编写的大力支持！希望本书能对教育领域的政策制定者、研究者、实践者、技术开发者和行业从业者等有借鉴和助益。

目 录

- 主动应对数字化转型新挑战

  ——访钟秉林 / 001

- 搭乘"互联网+"快车 推动教育数字化蝶变

  ——访陈丽、范贤睿、王骋 / 011

- 推动教育数字化转型 构建智慧教育新生态

  ——访黄荣怀、张宪国、熊秋菊 / 019

- 智能技术如何赋能智能教育

  ——访吴飞、嵩天 / 029

- 构建新型教学模式 助力教育教学提质增效

  ——访钟绍春、孙众、曹晓明 / 039

- 智能技术赋能教师教育发展

  ——访桑国元、闫寒冰、方海光 / 051

- 人工智能助推教师队伍建设

  ——访余胜泉、顾小清、段元丽 / 059

- 数字化学习与评价创新

  ——访吴砥、蔡可 / 069

- 数字化时代呼唤提升师生数字素养与技能

  ——访熊璋、樊磊 / 081

- 深化网络学习空间创新应用 助推教育教学变革

  ——访王珠珠、郭炯 / 089

- 加强智慧学习环境建设和应用　构建教育教学新样态

　　　　　　——访武法提、周跃良、杨俊达 / 099

- 加强智慧校园建设与应用　推动智慧教育创新发展

　　　　　　——访李葆萍、王运武、曲飞 / 111

- 发挥数字教育资源优势　构建公平优质教育体系

　　　　　　——访李玉顺、柯清超 / 123

- 发挥人工智能教育和创客教育作用　赋能教育发展

　　　　　　——访尚俊杰、傅骞 / 131

- 提升教育数字化治理能力　实现教育高质量发展

　　　　　　——访童莉莉、吕明杰、李兵 / 139

- 构建智慧教育新生态　推动教育优质均衡发展

　　　　　　——访吴颖惠、缪雅琴 / 149

- 从传统教学到智慧教育　科技如何赋能教育创新

　　　　　　——访陈光巨、吴文峻、李华 / 159

- 挖掘教育大数据的价值潜能　推动教育系统创新与变革

　　　　　　——访黄磊、杨现民 / 167

- 当教育遇上虚拟现实和元宇宙　带来哪些教育教学新形态

　　　　　　——访刘革平、蔡苏 / 175

- 智慧教育为乡村教育带来"数字春风"

　　　　　　——访郭绍青、曾晓东 / 185

- 加强智慧教育国际交流　构建智慧教育新发展格局

　　　　　　——访薛二勇、杨俊锋 / 193

主动应对数字化转型新挑战

——访钟秉林

钟秉林

北京师范大学教授，博士生导师，教育学部高等教育研究院名誉院长。国家教育咨询委员会委员、国家教育考试指导委员会委员、教育部总督学顾问、国务院学位委员会委员暨学科发展战略咨询委员会委员。曾任东南大学副校长，教育部高等教育司司长，北京师范大学校长，第十一届、十二届全国政协委员暨教科文卫体委员会委员，中国教育学会会长。主要从事教育政策与教育管理研究。先后主持国家自然科学基金重点项目、国家自然科学基金应急管理项目、教育部哲学社会科学重大课题攻关项目等。近五年内以独立作者和第一作者发表CSSCI论文50余篇，其中10余篇被《新华文摘》全文转载。出版《教育的变革》《大学的走向》等专著2本，主编"中国教育改革40年"丛书等系列著作和教材。

一、教育领域的数字化转型是时代要求

主持人：钟教授，今天教育领域的数字化转型可以说既给我们带来了机遇，也带来了挑战，您看到的机遇和挑战都有哪些？

钟秉林：从教育自身的改革发展来看，进入 21 世纪以来，中国的教育规模急剧扩大，教育普及化程度不断提高，从学前教育到义务教育、高中阶段教育，再到高等教育，基本实现了全面普及。在这个背景之下，教育的主要矛盾发生了转化，比如从过去的上学难转变为现在的上好学难。一方面，现在老百姓都迫切需要孩子接受高质量的教育；另一方面，我们国家的优质教育资源比较短缺，而且发展不均衡。解决这个矛盾的根本途径，就是要拓展优质教育资源，办好每所学校。为了实现这样的目标，我们国家的教育发展方式要转化，即从过去的外延式发展转变为以提高质量、优化结构为核心的内涵式发展。我认为现在我们国家各级各类学校都在进一步增强质量意识，把主要精力放在推进学校的内涵式发展，努力建设高质量的教育体系上。这也是"十四五"期间我们国家教育发展的战略任务。

从外部的挑战来看，现在国际的政治经济格局正在发生深刻变化。比如经济发展的速度显著放缓，产业链、供应链的调整也在加速进行。针对这样的现状，我们国家提出了要构建新发展格局的战略构想。那么，要实现这一构想，我们的教育应怎样融入新的发展格局？这里的关键点就是拔尖创新人才的培养和使用，这也成为国际竞争的一个焦点。从国际化发展趋势来看，像教育的国际化，一方面，师生的流动、教学资源的流动正在逐渐加速；另一方面，国际化的过程当中也碰到了文化冲突，比如国际化和本土化的矛盾。尤其是在新型冠状病毒肺炎疫情期间，逆全球化、单边主义、保护主义的思潮都在抬头，师生的流动也遭到了物理阻断。这些都对现在教育的发展提出了一系列的挑战，当然也孕育了一些难得的发展机遇。

主持人：所以教育领域的数字化转型既是整个经济社会发展的需求，也是教育对人才培养和自身发展提出的要求。

钟秉林：对。一方面我们要适应和促进经济社会发展，这是必然的要求，中国也提出了数字中国建设的战略目标；另一方面是教育自身和信息技术结合，以实现融合和迭代发展的必然要求。

二、在线教学促进教育优质均衡发展

主持人：我们一直希望办公平且有质量的教育，但是教育资源做到绝对平均是不可能的，只能说尽可能公平。如今，信息技术让资源的均衡、资源的公平变得越来越有可能。

钟秉林：对。我国当前教育发展的主要矛盾是优质教育资源短缺、好学校少。随着信息技术和教育教学融合，我们国家近几年实施了规模最大的在线教学。对于学生的居家学习，对于学校的停课不停教、停课不停学，在线教学做出了重要的贡献，同时也促进了信息技术和教育教学的融合。现在我们反过来看，这样的融合和变革，很重要的一点是，可以使学生在更大程度上共享优质教育资源，解决优质教育资源短缺问题。这对于促进教育公平会起到一个非常重要的推动作用。此外，线上教学模式的诞生对学校改革传统的课堂教学模式，实行融合教学，以不断提高教育质量、改善教育效益，也会创造非常有利的条件。

主持人：我记得是在 2020 年 2 月 17 日，那一天是全国的中小学生原本应该开学的日子，我们开始了大规模在线教学。这本来是一个应急的举动，但在后来很长一段时间里成了常态。在这个过程中我们还摸索出了很多好的方式，比如说一些优质的教育资源，即便在线下课堂中，也可以调用。您说之前我们教育的不均衡，可能有师资的问题，有硬件的问题，还有一些天然的地理问题。比如说大山里的孩子，他可能没有机会走进博物馆去开阔视野。借助数字技术可以让孩子在大山里就看到这些。所以这也带来了一种新的均衡、新的公平。

钟秉林：这些对于让一些弱势群体的孩子享受更高质量的教育、不断拓宽视野、夯实知识基础、培养能力素质来说，都会起到很重要的促进作用。但我认为也要客观地看，要把在线教学或者在线教育的效益真正发挥出来，可能还有很多工作要做。比如线上教学的条件保障问题，包括学校，特别是一些家庭的保障问题；又比如学生学习的主动性、自觉性问题；再比如家长的监督问题；等等。我想今后还要针对这些问题进行进一步的探索，尽量把在线教学长处发挥出来。

主持人：就基础教育而言，解决这些问题需要哪些政策的保障，哪些技术的支持？

钟秉林：基础教育现在很重要的一点，特别是在义务教育阶段，就是要实现教育资源的优质和均衡发展。过去我们是一步一步走，先在县域内实现教育资源优质均衡的配置。基本达标之后，再进一步向前推动，比如在省域内或者在不同区域内，尽量做到优质均衡。

当然，要实现这些也不容易。中国的教育有几个特点，第一，教育规模大。现在各级各类学校已经超过了 53 万所，在学校接受教育的人口已经接近 3 亿，所以规模很大。第二，差异大。区域之间有差异，城乡之间有差异，同一个学区甚至不同学校之间也有差异。所以要实现优质均衡发展的目标，我们还有很长的路要走。这需要政策的导向，需要制度的保障，需要经费的投入，当然也需要广大教师艰辛的付出。

三、信息技术和教育教学如何融合面临挑战

主持人：还有很多模式上的创新。比如教室里的教师作为一个组织者，应如何与线上的教师配合？关于未来这些技术和人之间的结合，您还有哪些想象？

钟秉林：这个问题很重要。思考一下当前信息技术和教育教学的融合，从趋势来看，第一是领域在拓宽，第二是速度在加快，第三是程度在不断加

深。那么这种融合，比如在线教学或者其他方式的信息化教学手段的诞生和应用，给我们带来的冲击、挑战在什么地方？我认为最关键一点是，它导致了人类知识传递方式的改变。过去的知识传递方式大家都很熟悉，传统的方式就是以单向传递为主，比如过去在校园里，主要传递方式就是教师上课，学生听讲。

现在，随着信息技术与教育教学的融合，这种知识传递方式已经转变为多向互动。现在的学生，不管是在小学、中学，还是大学，接受知识的渠道非常广泛，绝不仅仅是在校园里，更不仅仅是在课堂上。我认为这是最大的一个冲击。那么这个冲击导致了什么结果呢？其中一个就是学校教师的角色正在发生转变，应该说这是国内外教育界和学界的共识。在过去的知识单向传递背景下，学校的教师就是学生知识的传授者。而在现在知识多向互动的背景下，教师就要转变为学生的教学活动设计者和组织者。我认为这是一次深刻的变革。这一变革直接导致了学校师生之间的关系发生了新的变化：在这种线上线下融合式教学中，除了线下的教师之外，线上还有一位名师，这就使得师生形成一种学习伙伴关系。所以现在有的学校倡导什么？要构建师生学习共同体。在这个共同体当中，通过教师的引导、师生的互动、人机的交互和学生之间的合作来实现教学目标。这是非常重要的变革，这一变革必然要颠覆现在传统的学习过程，也就会对学校的教育教学观念、教学组织形态、教学管理体制机制以及教师的布局、教学方式，还有学生的学习方式带来一系列的冲击。

主持人：您可能回答过很多次这样一个问题：怎么缓解择校热？家长们希望自己的孩子进一所好的学校，再进一个好的班级，再挑一位好教师。这个问题在今天看来似乎可以利用技术慢慢解决，因为今后教师的角色是一个学习伙伴，是一个组织者，学生无论在哪个班级接收到的都是一样的云上资源、智慧教育资源。

钟秉林：对。应该说它有助于缓解这种择校热、班辅导热的问题。择校到底是在择什么？如果是硬件条件，可以说现在各学校基本差不多，特别是义务教育学校都有标准化的建设，甚至一个新建学校的硬件条件比一些传统名校还要好。我认为关键是择两个，第一是择师，这所学校有好的教师，孩子在这里可以受到好的教育。第二是择风，这所学校的校风好，孩子在这里可以受到好的熏陶，可以交到好的朋友。要解决择校热这个问题，一个是义务教育阶段的学校要均衡发展、优质发展。另一个是要充分利用现代信息技术手段，共享优质的教育教学资源。当然这对在线教学也提出了更高的要求，它的质量如何进一步提高，这种教学的文化如何进一步优化，以使学生学到知识同时也受到一种素质方面的熏陶？在这方面我认为还有很长的路要走。

四、新时代高等教育人才培养方式发生变革

主持人：以高等教育领域来说，您认为数字化的转变会对高等教育的教学组织形式、学习方式带来什么变化？

钟秉林：首先可能对学校的人才培养体系带来一些冲击和机遇。我们怎么样才能够构建一个更加灵活、更加开放的人才培养体系，很重要的一点是转变教育思想观念。比如真正能够实现因材施教，实现个性化、多样化的教学，这都是在先进理念的引领之下、结合了先进的信息技术推进的改革。其次就在学习方式和教学方式方面，它会带来一些新的挑战。比如线上教学的方式，特别是线上线下融合的教学方式，有的叫作混合式教学，有的叫作融合式教学。如何积极地进行这方面的探索，改革传统的课堂教学模式？最后是教学组织也会发生一些变化。比如在这种模式下可能更强调小班教学，更强调讨论式、启发式、探究式的学习。这对现在传统形式的班级中的学习小组也会带来一些冲击。现在很多学校也都在进行这方面的尝试，甚至对教师的布局也产生了影响。传统布局是教师在讲台讲，学生在下面听。实际上传统布局也要发生改变，现在确实已经发生了一些改变。比如现在到一些城市的小学去，一些学校的讲台都已经不存在了。学生也不是一排一排坐着，而是三五名学生围坐一起，便于分组学习、分组讨论、合作做习题等等；上课的教师就穿插在各个小组之间进行启发，组织讨论。

当然这对于教育治理，对于教学管理也提出了新的挑战。要适应这样一种教学的新形态，相应的管理体制机制也要进行改革。所以我一直讲，信息技术和教育教学的融合对于教育的冲击绝不仅仅是技术上的问题，而是一个系统性的、全局性的改革。

主持人：技术会带来组织方式的变革。我前不久采访了北京一所试点高校的校长，他提到，学校以一个学院为试点，招学生是按专业招进来的，学生觉得所选专业不合适了想转专业，现在非常灵活，如果学生觉得自己更适合另一个专业，可以看一下这个专业要学哪些课程，学生自己去系统选课，课程都上完了，考试通过了，最后学校就认定学生可以毕业了。这种模式下，学生最后毕业的专业是自己"学"出来的。您觉得这样的方式可不可能进行大规模推广？

钟秉林：我认为可以进行积极探索，实际上现在已经做了一些探索。您刚才谈的是从一所大学内部的一个学院进行自选专业的探索。从高考综合改革来看，在学生的招生录取方面也在进行探索，有的试点省份已经改变过去分批录取的模式，实行大平行志愿，调档报考录取，而且很多地方在探索先选专业后选学校。这种改革一是增加了学生和高校之间的双向选择机会，二是尊重了学生的选择权，使学生的志愿和所学专业的匹配度大大提高。这对学生将来的发展也会起到非常重要的作用。但是这一切我觉得还需要逐步探索，因为中国高等教育的规模很大，2700多所普通高校，在学学生已经超过3000万人，这是非常庞大的数字，改革只能逐步向前推进。

五、数字化转型对教育从业者提出新要求

主持人：数字化转型带来的深刻变革大到整个社会、整个教育系统，小到我们刚才说一个学院里的转专业，再微小到一个班级里教师的授课方式、学生的学习过程。当然这个过程对各级各类的教育领导者、管理者都提出了要求，对于教师们也提出了一些要求。您觉得对于未来人才的要求会有哪些

新的方向？

钟秉林： 我认为高校和中小学要应对挑战、抓住机遇，主要从两个方面入手。一方面是面对信息技术与教育教学融合对学校带来的一系列冲击，我们要在教学学习方式、观念转变、教学组织、教学管理等方面做系统改革，以适应新趋势。另一方面，学校是培养人的地方，我们除了要适应这种变革以不断提高质量之外，还承担着为数字化转型、为数字中国建设提供人力支撑和智力支撑的责任。

主持人： 未来的这些是我们现在培养的人创造出来的。

钟秉林： 是的，比如说，我们能够为数字化转型、为数字中国建设提供一些基础理论方面的支撑，提供一些关键技术领域的支撑，特别是提供创新人才的支撑。如果要做到这些，就涉及学校的学科专业设置和调整，涉及学校的人才培养模式的改革，涉及学校的治理体系的改革。所以这个改革确实具有非常强的系统性。

六、发挥中国教育数字化转型的国际引领作用

主持人： 目前我们国家也在为整个世界的智慧教育发展提供一些中国智慧、中国方案，您认为我们在国际上如何发挥引领作用？

钟秉林： 我认为主要涉及两个方面。教育国际化现在是一个大趋势，尽管现在由于国际政治经济形势变化而出现了一些新的挑战，但是这个趋势是不可逆转的。所以在这个背景下，中国要应对好教育国际化这个挑战，一方面要学习借鉴国际的一些先进教育理念、一些现代的教育教学方式，还有一些成功的经验，推进我们国家教育的高质量发展、内涵式发展。

另一方面我认为中国教育历史悠久，传统优良。尽管现在确实存在一些问题，但是中国的教育教学有自己的优势，而且这种优势也得到了国际的认可，我们要积极推进中国优质教育教学资源的国际拓展。比如我国基础教育领域的优势，上海的中小学数学教育现在是全球领先，国际上有些国家到上

海去交流、学习。英国政府还启动了专门的项目，邀请上海的高中数学教师到英国去，对英国的中小学数学教师进行培训；同时选派英国的中小学数学骨干教师到上海进行研修，甚至跟班随堂听课；还购买了上海市中小学数学教材和教辅资料的版权，翻译成英文，这项工作已经完成了。我想用这个例子说明，我们的优势得到了国际认可，这就是教育国际化的中国贡献。实际上，高等教育方面我们也在积极探索，把国际合作、中外合作办学的项目和机构办到海外去，比如厦门大学的马来西亚校区现在已经建成五六年了，虽然是新建学校，但在当地口碑特别好。有的学校把相对独立的二级学院办到海外，比如清华大学和美国华盛顿大学在西雅图合办一所二级学院，以发挥两个学校的学科优势，联合培养大数据人才和人工智能人才，这个探索已经有几年了，生源也非常好。北京师范大学的中文系全国领先，也在英国与当地的一所大学合办了中文学院来招收英国学生学习中文。

我想说明的是，我们的优势是能够进行国际拓展，这既是我们对国际化的中国贡献，同时也说明任何学术的国际交流必须是双向互动的，必须是能够相互取长补短、能共赢的，这样才能有生命力。

主持人：谢谢钟教授接受我们的采访。一方面，数字化转型正在推动教育领域深刻变革，帮助我们实现更加公平而有质量的教育。另一方面，这样的变革也在为整个社会的数字化转型提供人才保障和智力支持。

扫一扫，观看访谈视频

搭乘"互联网+"快车
推动教育数字化蝶变

——访陈丽、范贤睿、王骋

陈丽

北京师范大学教育学部教授,博士生导师,互联网教育智能技术及应用国家工程研究中心技术委员会主任、北京师范大学基础教育大数据应用研究院院长。目前致力于"互联网+教育"的专题研究,重点关注三个方面的内容:研究互联网对教学结构、管理结构和供给结构的变革影响,总结"互联网+教育"的基本原理;研究"互联网+教育"的本体论、认识论和方法论,揭示"互联网+教育"的哲学基础;研究"互联网+教育"的战略方向,推动教育政策创新。

范贤睿

国家开放大学党委委员、副校长,数字化学习技术集成与应用教育部工程研究中心主任、对外汉语教学中心主任。主要研究终身教育、数字化、国际化、教育政策等。致力于推进教育国际交流合作,建设国家开放大学海外学习中心,推动中国-东盟数字教育合作。主持和参与教育部、国家开放大学多项国际合作和学术研究项目。在《中国高等教育》《世界教育信息》等期刊发表数篇文章。曾获"2020年度中央和国家机关三八红旗手",所带团队曾获"全国民族团结先进集体"等荣誉称号。

王骋

宁夏回族自治区教育信息化管理中心主任,正高级教师。国家"新世纪百千万人才工程"学术技术带头人,教育部"领航校长","西部之光"访问学者。主要研究教育数字化政策研制、区域发展及智慧教育,具体承担宁夏"互联网+教育"示范区建设、国家智慧教育公共服务平台宁夏试点、国家智能社会治理宁夏教育特色实验基地建设等工作,相关实践成果获基础教育国家级教学成果一等奖。

一、"互联网＋教育"的内涵

主持人：大家对"互联网＋教育"已经不陌生了，党中央、国务院很重视这方面的工作，也印发了相关文件。陈教授，请问您认为"互联网＋教育"的内涵体现在哪里？

陈丽：2021年11月，中共中央办公厅发布了《关于推动"互联网＋教育"发展的意见》，文件明确指出，"互联网＋教育"是利用以互联网为核心的新一代信息技术，更新教育理念，变革教育模式，推动教育创新发展的新形态。关于新形态，我理解它体现为六个"新"：第一个"新"是新空间，它指的是网络空间，跟原来传统的物理空间不太一样；第二个"新"是新模式，包括教育教学模式、教师专业发展的模式；第三个"新"是新业态，在这个过程中，互联网催生了教育领域的新的业态；第四个"新"是新要素，在互联网的环境下人的行为都数据化了，所以教育实践中大数据成为新的要素；第五个"新"是新制度，在以新的互联网为支撑的物理空间、社会空间、网络空间三空间相融合的教育实践中，需要一些新的体制和机制；第六个"新"是新理念，我觉得这一点更为重要，这个"新"不仅需要我们更加深刻地体会，而且是制约"互联网＋教育"创新发展的关键因素。我认为"互联网＋教育"的内涵体现为这六个方面的"新"。

主持人：六个方面的"新"特别全面。范校长，能不能这么理解：这六个"新"实际上对我们以往教育的整个方式、模式都会造成颠覆性的变化。根本上，我们是要接受一种新的理念？

范贤睿：从国家开放大学本身的发展实践来讲，大家都知道，它是一所没有围墙的校园，也称"互联网＋"大学，即云端的大学。从最开始以广播电视为载体，随着互联网的普及，它的特色更加明显。在我们看来，"互联网＋教育"是国家"互联网＋"战略的重要组成部分，它是现代信息技术与教育教学的深度融合，以解决教育技术本身和教育内容脱离的问题。"互联网＋教育"的核心观点在于怎样用数字技术来赋能教育教学改革，如何有效促进教师的教和学生的学，师生如何互动、如何共同发展，这是"互联网＋教育"的更深层次的重要因素。

二、"互联网＋教育"的新要素

主持人：如何着力建设未来教育空间或者教育环境？

陈丽：我们把"云"理解为学校接入网络需要建设的绿色、安全、高速的网络，对于学校来说，这样的教育空间是一个物理空间、社会空间和网络空间整体统筹的空间。

2017 年，北京师范大学承担了国家发展和改革委员会基础教育大数据研发与应用示范工程项目，项目旨在解决教育大数据领域的基础性支撑问题，为破解中国教育难题提出基于大数据的针对性解决方案。项目搭建完成了可支持百万级以上用户在线并发访问和分组查询的大数据中心，推出了基础教育大数据应用平台，研发了基于大数据分析的各类模型和产品，并通过基础教育大数据应用白皮书等形式，将研发成果在更大范围内推广和共享。

主持人：请问陈教授，北京师范大学教育大数据体验中心能给同学们提供什么样的服务？

陈丽：这个中心是北京师范大学 2017 年承担的国家发改委的一个重大专项的成果。这个项目是基础教育大数据研发与应用示范工程，是我国设立的第一个关于教育大数据的项目，项目的研究成果固化为教育大数据体验中心，用于服务师生和同行。我们自主研发了一个大数据的敏捷建模工具（简称为DMTS），比如，一线教师不擅长使用计算机分析数据，这个工具就可以用拖曳的方式帮助教师形成一个分析教育数据的模型，帮助他们更科学地去分析，我们已经形成了很多现成的模型。这个体验中心可以帮助师生了解整个原理，学会使用相应的工具，同时看到一些成功的应用成果。

主持人： 范校长对这个体验中心也很了解，您觉得有什么样的启发呢？

范贤睿： 如何分析海量的数据，如何实现数据分析的科学性、准确性，这是数据分析的真正价值所在。没有经过分析的数据充其量只是堆在一边的建筑材料，建不成一座真正的大楼，并没有价值。刚才陈教授说的大数据体验中心已经在解决这个问题了，这为其他学校或者教育系统解决数据处理、挖掘数据价值，提供了一个好的范式。

三、"互联网 + 教育"的新模式

主持人： 基于这些数据和模型，教育的数字化转型探索出了哪些路径？

陈丽： 数据在精细化的教学管理、科学决策方面正发挥着巨大的作用，目前已经形成了非常多的模式。目前我正在承担的科技部 2021 年国家重点研发计划"大规模学生跨学段成长跟踪研究"项目就是在跟踪学生的综合素养：我们给学生一个在科技馆的合作任务，不去问学生合作得怎么样，而是把整个合作过程中学生的表现拍摄下来，基于学生的表现来判断学生的合作能力。这些是我们过去无法做到的，这就是教育大数据不可替代的赋能作用。

主持人： 请范校长介绍一下国家开放大学的教育数字化转型探索。

范贤睿： 刚才陈教授介绍了教育大数据整体的宏观应用，对我们学校来讲，在多年的实践基础上，我认为在教育领域中有四个方面的数字化特别重要：一是学习资源的数字化，二是教学过程的数字化，三是考试测评的数字化，四是管理服务的数字化。在新技术新媒体的应用下，如何吸引学生的注意力，如何让学生以更适合的方式接受并掌握知识，这是学习资源数字化的灵魂和本质。更重要的一点是，在线教育要解决的是有温度的教育问题。此外，在线教学过程中一定要有教学支持服务，这样数字技术才能真正实现为教育赋能。

2022年5月，国家开放大学的终身教育平台正式上线，面向社会免费开放学习资源。一直以来，国家开放大学以"应用为王、服务至上、简洁高效、安全运行"为总要求，坚定推进国家教育数字化战略行动，为建设人人皆学、处处能学、时时可学的学习型社会贡献"国开智慧"。目前该平台已汇聚国家开放大学自建学习资源、338所知名高校的课程资源、10个头部平台的特色课程等共计50万门，致力于满足社会大众多元化、个性化学习需求，以数字技术赋能终身教育。

主持人：请范校长通过案例再介绍一下国家开放大学的终身教育平台。

范贤睿：终身教育平台的上线是国家开放大学贯彻落实教育部党组决策部署，坚定推进教育数字化战略的一个具体举措，也是我们学校几十年来信息化建设结出的一枚果实。社会成员只要有学习需求，都可以到这个平台上学习。平台有三个特色：第一，它是免费共享的，只需要通过手机号注册，平台上所有资源都是免费开放的；第二，它汇聚了广泛的优质资源，目前通过审核且已经上线的课程有60万个；第三，平台开启了横向的连通和纵向的贯通，它既有学历教育板块，也有非学历教育板块，比如老年教育、社区教育等。学历教育和非学历教育两个板块通过学分银行打通，学员进入终身教育平台学习后，他的学习记录可以保存下来，在一定的转换规则下，这些记录可以转换成学分，这就打通了学历教育和非学历教育之间的隔阂，同时也为技能提升和学历教育搭建了一座立交桥。所以我们的目标就是当学生有学习意愿的时候，平台就有课程可提供。

主持人：总有课程能适合学员，这真的是一个面向人人、面向终身的教育。

陈丽：关于终身教育，我认为互联网能够共享各类优质资源，但如果个人学习档案制度不健全，健全了又不互认、不追踪，可能我们的学习积极性会受到影响，所以学分银行是一个全方位的变革，让我国的教育信息化进入了新阶段。

四、"互联网＋教育"的新实践

除北京师范大学和国家开放大学两所高校之外，全国各地教育行政部门在"互联网＋教育"、教育数字化转型方面也有一些非常可贵的探索。比如，宁夏回族自治区是2018年7月教育部批准的全国"互联网＋教育"示范区，经过四年的建设，搭建了国内第一个"互联网＋教育"的省级大平台。目前宁夏的教育信息化发展水平已居于全国前列。

作为自治区"互联网＋教育"应用示范学校，银川市兴庆区实验二小从教学空间重构入手，以"六个中心"建设作为未来学校的实践探索，打造了"博雅4A"智慧课堂，建立智慧同步课堂；依托"互联网＋教育"技术，自主研发了涵盖义务教育小学阶段语文、数学共计12册教科书的信息化资源，并成功在互联网上线。对孩子来说，智慧中心的建成打破了传统教学模式，本着融合、趣味、体验、协作、设计的教育理念，给了孩子们一个尽情玩、尽情释放的空间；对教师来说，新型教学模式打破了空间的局限性，充分发挥了优秀教师资源的作用，缩小了学校之间、城乡之间、教师之间的差距，真正实现了教育的均衡化。

主持人：王主任，实验二小智慧课堂特别有趣，而且同学们看起来也非常喜欢这样的课堂，这种智慧课堂在宁夏是不是已经比较普遍了？

王骋：在示范区建设的过程中，我们大力实施智慧校园引领行动，着力推进课堂教学结构重组和流程再造，形成了一批智慧课堂应用案例，比如实验二小的"学问思辨行"结构化教学、银川第十五中学的"3571讲学稿"翻转课堂、宁夏交通学校产教融合双师课堂、泾源县"四同步三融合三个课堂"等，这些智慧课堂在全区广泛应用。线上线下混合式教学新模式竞相涌现，2018年以来，宁夏共有11个县区和44所学校被评为全国教育信息化优秀典型，同时，随着示范区建设的不断推进，"互联网＋教育"的理念深入人心，在教育教学、教育服务、教育治理等方面发生了全方位、深层次的变革。

主持人：随着"互联网＋教育"课堂变革的不断推进，我想你们也会遇到一些发展当中的瓶颈，那么这些瓶颈如何解决？如何继续来推进？

王骋：智慧课堂教学变革的重点在课堂，关键在教师。教师数字素养水平直接影响着智慧课堂教学的质量与效益。因此，我们把提升教师数字素养作为推进课堂教学变革的重中之重，着力打造适应人工智能、大数据等新技术变革的新时代教师队伍。我们着眼于未来教师培养、建立教师教育创新基地、打造教学技能实训平台、推动师范生培养课程改革，近四年累计培养"人工智能＋学科专业"复合型师范生六千多名；我们着眼于教师智能研修，建设人工智能教育宁夏研究院，打造八个县域教师智能研修中心，统筹推进县域教学研究、教师培养、课程建设、评价改革等，形成区域资源均衡共享、教师专业持续发展、教学质量整体提升的新样态。

主持人：陈教授您认为，像实验二小课堂中体现出的这种"互联网＋教育"会怎样改变小学的课堂呢？

陈丽：这所学校是我们国内这类学校的典型代表，学校师生实现了用信息技术来推动课堂教学的改革，做到了非常有效而且可持续。这所学校把这种新的课堂教学模式推广到常态化的课程中，这一点特别重要，所以实验二小在课堂教学中通过新的教学方法来开展合作学习、创新方法来提高课堂教学的目标层次，利用优质数字教育资源来改进教学，这方面特别有特色。他们探索着建立了一些新的鼓励教师创新、鼓励学生采用新的学习方式、利用优质资源的机制。我觉得这所学校这一点特别值得其他学校学习：鼓励创新、鼓励改革的文化。这所学校的领导理念和治校方略十分关键。

五、"互联网＋教育"的新期许

主持人：对于"互联网＋教育"与教育数字化转型，我们还可以有哪些期许？

范贤睿：我认为数字化转型的实质和核心还是使现代信息技术与教育教

学深度有机融合，相互促进、共同发展，所以我认为数字化转型最重要的是要服务立德树人的根本任务。

陈丽：我觉得"互联网＋教育"与教育数字化转型都必将使教育更好地适应国家发展的需要、民族复兴的需要、人民群众对教育的新需要。构建新的教育组织体系和教育服务模式需要一个过程，需要整个社会的共同努力。

主持人：非常感谢两位，能感受到你们深深的思考，还有对于发展"互联网＋教育"这种时不我待的紧迫感。刚才我们说基于互联网的教育供给侧改革，其实也只是刚刚开始，但是无论未来怎么改革，教育的初心都不会变，那就是为了人人、全面、可持续的发展。

扫一扫，观看访谈视频

推动教育数字化转型
构建智慧教育新生态

——访黄荣怀、张宪国、熊秋菊

黄荣怀

北京师范大学"长江学者"特聘教授。现任北京师范大学智慧学习研究院院长、联合国教科文组织"人工智能与教育"教席主持人、教育部教育信息化战略研究基地（北京）主任。目前担任国家教材委员会科学学科专家委员会委员、教育部教育信息化专家组专家兼秘书长、教育部"智慧教育示范区"创建项目专家组副组长等。主要从事教育信息化、智慧学习环境、技术支持的创新教学模式、人工智能与教育等领域研究。

张宪国

北京市教育委员会教育信息化处处长。主持编制《北京教育信息化"十四五"规划》《北京市智慧教育总体行动方案（2022—2025）》等总体规划，指导推动教育信息化融合创新"双百"示范行动、北京市智慧校园示范校遴选等试点示范项目，在区域教育信息化统筹规划、教育信息化场景建设、网络安全体系构建、教师数字素养提升等方面有较为丰富的实践经验。

熊秋菊

上海市长宁区教育工作党委副书记、教育局局长。上海市数学特级教师、华东师范大学开放教育学院兼职研究员，上海市劳动模范。首创整区推进"标准化＋个性化"的教育数字化转型区域有效路径，曾受邀参加《人民日报》等媒体专访，分享长宁教育经验与智慧。先后在《人民教育》《上海教育科研》等国内核心期刊上发表论文15余篇，课题研究成果曾获得市级、区级科研成果一等奖、二等奖。

一、教育数字化转型和智慧教育的关系

主持人：我们今天访谈的主题是教育数字化转型和智慧教育。黄教授，请您讲讲这两者是什么关系。

黄荣怀：教育数字化转型的概念来自教育信息化。我国开展教育信息化已有 20 多年的历史，取得了显著成效。数字化转型是个什么概念呢？我认为它分为三个阶段：第一个阶段叫数字化转换，过去也叫数码化，其实就是把教育领域模拟的信号、教材、内容数字化，然后存储下来、再现出来，比如电脑的演示文稿与手机的浏览器中的内容。第二个阶段叫数字化升级，把内容放到网络上让大家去传递等等。第三个阶段叫系统变革，在转型以后更多地利用知识来服务教育教学，这跟过去的教育信息化相比，是一个非常特殊的阶段。智慧教育是什么呢？智慧教育是一个目标，今天的教育更多是工业时代的教育。而信息时代、数字时代、智能时代的教育有它的特殊性，智慧教育和教育数字化是我们转型的方向和目标。这就是两者之间的关系。

二、教育数字化转型的实践

主持人：我们和大家分享一下上海和北京在数字化转型方面的做法和经验。先看一看上海市长宁区目前都有哪些好的做法。

教育数字基座作为长宁区教育数字化转型的头号工程，通过建设组织中心、数据中心、物联中心、应用中心及消息中心，向上进行能力输出，打造"一个入口"为不同角色用户提供个性化工作台。

数据融通、降本增效。通过权威源接入及实地核验，基座快速构建"组织与人"的数字化环境，打造基座内的"一号通"，通过对各类教育场

景业务数据的对接和标准化治理，构建基础数据"一张表"，形成区校两级数据仓库和看板，提高数据流转效率，以开放共享促进跨场景数据联通，帮助管理者进行更深层次的挖掘分析，为教育数治提供有利抓手。

全区统筹，均衡发展。为消除学校单点盲目建设的弊端，长宁教育数字基座在顶层设计的理念下，通过底层核心能力促进统一规划、整体推进，为区域均衡发展奠定基石。

多样应用，激活生态。在标准化应用之外，数字基座还支持三方厂商应用，以插件方式"标准、合规、快速"地接入，单个应用平均接入周期由原来的 1 个月缩短到 1 周内，内置低代码开发平台，一线教师平均 2—3 个小时即可零代码搭建轻应用，辅助日常办公教学，大大降低学校引入市场应用的成本，快速满足个性化、时效性的需求。

现在，越来越多的一线教师正成长为教育数字化的创变者，教育多元生态的迅速构建正实现着活力共筑。依托教育数字基座，一个"政府定标准、搭平台，企业做产品、保运维，学校买服务、建资源"的新型信息化建设模式已经形成。长宁区正在积极构建一个更有活力的智慧教育生态系统。

主持人：熊局长，我们看到长宁区现在已经探索出了一条发展路径，请问是怎么做到的？

熊秋菊：长宁区的教育数字化转型主要通过整区推进，形成了一条"标准化＋个性化"的数字化转型的可行之路。整区推进是相对于传统的信息化建设而言的，传统的方式是建设方和使用方来推进。学校作为使用方，在这个过程中既要跟建设方，也就是科技公司，一起去建设内容，还要参加维护，所以有时候可能没有精力去关注信息化对教育教学的赋能。我们现在的整区推进是指整区在区政府、科技公司和学校三方合力的状态下，进行数字化转型的建设。在这样的状态下，学校就回到了资源使用方的位置，回归到教育的本源，科技的应用也更贴合教育的需求。关于"标准化＋个性化"，"标准化"是指在以数字基座为核心的推进过程中有一个建设标准和一个数据标准，数据标准可以实现数据的可生长、可循环；"个性化"是指在整区推进的标准化的状态下，学校根据不同的学校文化、育人目标，自主地开发第三方应用，或者引进第三方应用，同时我们鼓励全区有数字素养的教师通过数字化转型所建设的数字基座的低代码进行应用搭建，解决他们遇到的教育教学中的问题。目前来看，我们通过这条路径形成了区域数字化转型的生态，在这个生态中，不仅校长、教师，教研员、家长也参与到整个过程中，整个区域的学生和教师的数字素养得到了提升。

主持人：上海的这个生态既有统筹规划，又有顶层设计，同时各所学校，甚至每一位教师都发挥了自己的积极性、主动性。再看一看北京的经验。张处长，《北京教育信息化"十四五"规划》发布后，北京智慧教育的总体方案是什么样的？

张宪国：按照教育部对信息化建设的统一要求，结合北京智慧城市建设的任务，在深入总结北京教育信息化发展的基础上，特别是聚焦存在的问题，对标数字化转型的要求，我们组织相关专家编制了《北京教育信息化"十四五"规划》，主要目的还是要推动信息技术与教育的融合，推动教育的数字化转型。我们提出了四个原则：第一个原则是素养为先、育人为本。北京有很好的信息化发展基础，师生数字素养相对较高，所以我们坚持素养为先、育人为本，以培养学生和促进教师专业发展为根本。第二个原则是应用驱动、深度融合。信息化一定要坚持应用，要把新的技术与教育管理、教育教学、学生的学习紧密融合，坚持应用驱动，才能更好发展。第三个原则是统筹协调、协同推进。信息化不同于别的工作，一定要有顶层设计，所以我们要把北京的教育信息化发展与北京教育"十四五"规划结合起来，一定要紧紧围绕教育的改革与发展来做，有了顶层设计以后，要协同各个部门来推进，包括教育行政单位、中小学校、企业、科研机构等。第四个原则是创新引领、高效发展。一定要用创新的理念、信息化理念来推动教育模式、学习模式的变革，引领教育方式的发展。同时，通过新技术的应用提高教育教学的效率，减轻教师和学生的负担，比如说现在我们通过人工智能和大数据的技术助力教师备课，助力学生个性化学习，这些都应该是数字化转型的应有之义。《北京教育信息化"十四五"规划》提出了 7 个目标、11 项举措，这

11 项举措不仅包括新型基础设施建设、大数据应用、师生信息素养提升，还包括基础教育、职业教育、高等教育和终身教育如何实现数字化转型，我们还特别强调要做好网络安全工作，网络和信息安全是数字化发展、智慧化发展的底线。到 2025 年，北京的教育数字化转型应该会有一个比较好的升级。

主持人：这两年来，我们看到数字化转型已经有了很好的成绩。我采访过一些北京的小学教师，觉得很惊喜，现在孩子们的作业已经不再千篇一律了，比如一个孩子前面做错过哪些题，通过大数据统计之后，孩子会有一份适合自己的作业。接受采访的教师告诉我说，这只是第一步，大数据现在已经可以记录孩子的整个学习过程，可能不需要重做整道错题，而是强化错题中没有理解的步骤和知识点。

张宪国：对，通过学生的作业也好，课堂练习也好，大数据可以按照知识图谱来分析学生的薄弱知识点，有针对性地进行辅导，或者通过练习来巩固薄弱知识点，让学生掌握的知识点更全面。现在很多学校都已经将大数据技术应用到各个学段、各个教学场景中，这大大减轻了教师的教学负担，以及学生的作业负担——不用重复训练、练习了。

三、教育数字基座的建设和应用

主持人：刚才熊局长也讲到了教育数字基座的概念，它在上海是怎样应用的？有什么样的建设场景？

熊秋菊：数字基座是教育数字化的关键引擎，它是学校的一个标准中枢。我们现在做数字基座是通过数联、物联和智联的形式，搭建的主要是五个中心，以组织中心、数据中心、物联中心、应用中心和消息中心为主要架构的区校两级的基座。区级基座对接上海市教委数字化转型的数据标准的要求，所有的学生、教师、家长用统一的标准，进到这个基座以后，我们可以打破原来学校之间的数字孤岛，师生在基座上可以根据需求自由选择数字应用、优质资源、数据分析等多样化服务，校际差距在数字公平中得以缩小，推进更加公平而有质量的教育。

破除了校际间的资源孤岛。对于区级基座来讲，它对接校级基座，在保证数据安全和可持续维护的基础上，区级基座也对应着市级基座，还有教育资源，比如教育智慧平台，这个资源很容易下放到校级基座上。上海2022年3月12日停课以后，有教师制作了如何使用智慧教育平台找到相应资源的视频。教师在上课过程中，由于有了丰富的资源，课堂形式就非常有趣，师生互动就非常好。在这个过程中，实际上区校两级资源跟原来相比，实现了优质资源的流动，优秀教学方法的共享，所以基座的建设使得整个区域的建设趋向于更加公平，更加有质量。

主持人：您在讲这个场景的时候，我站在一位教师的角度想了想，有这样一个大的数字基座，我会觉得心里特别踏实，因为在备课的时候，是有海量的资源在支持我备课的。

熊秋菊：是，在没有这个数字基座的时候，我们的线上实验课开展得非常困难；原来的平台建设或者引进资源也依赖于校长的想法，其实某种程度就会造成教育的不公平。但是有了这个数字基座以后，所有教师的智慧就会集中在一起，这些优秀的智慧可以流动起来、传承下去。比如有一个化学实验，教师就地取材，就用家里的盐、糖设计了一个实验过程，这同样培养了孩子的实验动手和创新的能力，这个是通过数字基座才能够发生、产生的。

主持人：这是上海现在的一些经验，教育数字基座在北京都有哪些应用场景？请张处长谈谈应用数字基座之后的优势都有哪些？

张宪国：北京在教育数字化转型的过程中也在不断夯实数字基座。我理解的数字基座是数据、资源、应用等的汇聚。实际上我想这是一个根基，为了夯实这个根基，我们用时三年建立了"1+6+N"的教育大数据平台："1"就是整合汇聚后的北京教育大数据库；"6"是平台的6个系统，包括数据的管理平台、汇聚平台、共享平台、服务平台、安全平台等；"N"就是N个应用场景，汇聚多方数据，为教育管理部门、区教委、学校提供教育数据。它涵盖了学生的个性化数据，比如体质健康监测的数据、社会实践的数据，还包括教师的教研培训的数据，以及学校的各种数据。这些数据库建好以后，就会发挥共享和应用的作用。区教委对本区的教育管理和决策可以应用，学校、教师、学生也都可以应用。我们也在打造教师和学生的全息画像，将这些数据打通以后，每一位教师会从不同的维度了解自己的教学情况，比如说通过教师管理系统了解教师的基本信息；通过教师培训系统，在数据汇总以后了解教师参加继续教育和培训的情况；通过汇聚以后的开放性辅导数据，了解这位教师为全市学生辅导的情况。作为教育管理部门，在这些数据汇总以后就能了解教师基本的画像情况。学生也一样，在汇聚了各方面的数据后，就能看到这名学生在哪些方面是有兴趣的、取得的成绩是比较好的，我们也正在丰富和完善这些数据，把这个基座打造得更加丰富，让教师、学生、家长通过数字基座能够更全面地了解自己的情况，为今后发扬自己的特长或促进个性化成长起到支撑作用。

主持人：大家现在都有这样一个期待，这些资源未来如果能够通过算法更精准地推送到我们面前就更好了。有了教师和学生的全息画像，可能离精准推送就越来越近了。

张宪国：说得太对了。随着技术的发展，我们可能会利用人工智能、大数据等技术更精准、更全面地推送这些数据。

主持人：黄教授，刚才两位分享了上海和北京的经验，请您总结一下，目前教育数字基座应用的整体情况怎么样？如何进一步推进应用？

黄荣怀：数字基座是一个特别好的概念。刚才两位介绍的上海和北京的应用可能在全国是排在前列的。数字基座这个概念实际上来自数字城市，一座城市要建数字基座，教育数字是中间的一部分，我从信息化的角度再稍微回顾一下。比如 2000 年左右实施的"校校通工程"，每个学校想办法去联网。当时有三种模式，第一种模式是给边远农村教学点配发光盘和 DV 播放机。第二种模式是卫星接收，中国教育电视在其中有巨大贡献，把模拟信号变成数字信号，让边远农村能够收到数据，此时就不需要用光盘了。第三种模式就是互联网。到今天为止，全国几乎所有学校都能够接入互联网了，而且99% 以上都是宽带，但到目前这个程度还是不够的。刚才两位谈的是基座的应用问题，我们现在谈基座是云、边、端，云是什么呢？从城市的层面来讲，比如北京的教育科研网、上海的教育科研网。边是什么呢？到学校、到教室、到图书馆，需要有一些服务器，有小的方面我们叫 APP，用它去访问。端就是终端。云跟端能够有效连接，哪个系统需要计算就在各个点上去算，这是基本的概念。另外，两位谈到更多的是数据的应用，我们叫多元异构数据的融合。因为不同类别的数据不一样，教材数据、内容数据、评价数据之间的差异性非常大，有音频、视频各种各样的数据要去综合应用、集成应用，变成知识，变成智能，所以云、边、端，加网络，再加智慧，这就是未来的基座的概念。这基本都会依赖数字城市，但有些地方也可以考虑在相对逻辑上建立地方自己的基座。

四、教育数字化转型的实现路径

主持人： 您刚才讲了一个基础，在这个基础之上，我们对未来还有很多期待，比如数字化转型，您认为长远的目标是什么？实现的路径是什么样的？

黄荣怀： 我刚才谈的基座是计算机层面的概念，是网络或者工程层面的概念。从数字化转型本身来看，我认为教育数字化转型的长远目标是智慧教育。什么叫智慧教育呢？我认为智慧教育有五个基本的要素。第一个要素是以学生为中心，智能时代、数字时代、网络时代，学生的兴趣特点完全不一样，传统班级教学解决不了个性化教学问题。第二个要素，对于学生的评价而言，考试、招生只是一部分。从整个社会对未来人才的评价来看，适应未来时代、信息时代、智能时代的人才的基本要求是什么？未来人才培养如何去应对自主创新、科技革命？第三个要素，目前的学习环境在个别地方仍然需要优化，从学校、班级到各种场馆都是如此。第四个要素涉及学校的变革，现在的学校是工业化时代的学校，学校的变革必须持续改进以建立学校自己的文化。第五个要素是在区域层面上，我们对于教育公平，对于全纳教育的坚守，对农村、边远地区、边疆学生的教育，还有特殊儿童的教育，以及这当中的教育鸿沟问题，从区域层面都是需要考虑的。我认为综合考虑这五个要素，就能得出适应未来教育的基本目标和理想路径。

主持人： 您觉得就目前教育数字化转型的情况来看，还存在哪些问题？如何更好地解决这些问题？

黄荣怀： 我认为可以从几个层面来谈，宏观上做好顶层规划，国家、教育部对于教育数字化转型有很好的政策，也在制订相应的计划；中层叫部署；微观上的创新一定是在学校。从宏观和中层上讲，我认为可以依据两个思维、两个建设来推进。两个思维：一个是数字化思维；另一个是教育生态思维，我前面讲的五个要素更多是站在教育生态思维的角度。两个建设：一个是支撑能力建设，数字基座、各种环境资源就是支撑能力建设的一部分，还包括数字素养的提升；另一个是治理体系的建设，我们必须建立合适的、符合未来教育发展的制度规范体系，用大数据、人工智能去优化设计，朝着更好的目标去迈进。

主持人： 黄教授讲到了我们该怎么解决可能会面临的一些挑战，其实北京、上海的信息化水平是比较高的，但还是面临着一些挑战，熊局长您看到的挑战有哪些？该怎么解决？

熊秋菊： 未来我们要做的，首先，围绕立德树人的根本任务，依据数据驱动和数据支撑，实现人人、时时、处处可以学习的环境，这也是未来要研究的。其次，从农业时代到工业时代，上升到现在的数字时代，真正的数字化转型不仅从理念上、顶层设计上、制度上在整个区域内要进一步地优化，在这个过程中，还要特别关注孩子的未来，通过大数据、人工智能开展的多元评价，一定要回归到教育的本质，符合人的成长规律，让孩子更好地学习和成长。

主持人： 张处长，请您谈谈北京的教育数字化有哪些挑战，该怎么解决它们？

张宪国： 我觉得有两点，第一点是要树立数字化的理念，无论是教育管理者，还是校长、教师、学生和家长，一定要有数字化理念。第二点是要聚焦主业、主阵地，那就是教、学、管、评、育、研：教就是教师的教学，学就是学生的学习，管就是我们的决策，评就是对学生的评价，育就是全方位的育人，研就是教师的教研、教师的专业发展。我想这是未来要打造的一个基础的育人环境，是北京教育在方方面面要努力的方向。

主持人： 黄教授，您可以详细地描述一下未来数字化转型之后比较理想的状况是什么样的吗？

黄荣怀： 很重要的一个点是，按教育部"需求牵引、应用为王、服务至上"的原则，我认为也可以加上科技赋能。从教育本身来说，除了按照中央的部署去推进，我认为在国际上还应该再做一些工作，比如现在谈得比较多的经济危机，还有学习危机，这都是全球讨论的热门话题。我们国家大概有 3 亿学生还不能完整地解决小学学习问题。2022 年 9 月中旬，联合国要召开全球教育变革峰会，我想其中一个重要的任务就是数字化转型，这里应该更多地发出中国声音。我觉得这是我特别期待的。

主持人： 我们国家的教育数字化转型不仅在解决中国的问题，也在为整个世界的智慧学习提供中国方案、中国智慧。今天非常感谢三位嘉宾做客我们的节目，谢谢张处长和熊局长分别分享了北京、上海的经验，谢谢黄教授给我们带来了一些最前沿的研究和思考。希望未来数字化转型能够更好地赋能教育的高质量发展。

扫一扫，观看访谈视频

智能技术如何赋能智能教育

——访吴飞、嵩天

吴飞

浙江大学求是特聘教授，博士生导师。浙江大学人工智能研究所所长。科技部科技创新2030——"新一代人工智能"重大科技项目指南编制专家。科技部重点研发计划项目负责人、主持国家自然科学基金重点项目2项。著有《人工智能导论：模型与算法》、浙教版普通高中教科书《信息技术 选择性必修4》等。曾获世界人工智能大会最高奖"卓越人工智能引领者奖"和中国电子学会2021年度科技进步一等奖。主要研究领域为人工智能、多媒体分析与检索和统计学习理论。

嵩天

北京理工大学教授、博士生导师，网络空间安全学院副院长，北京市青年教学名师，社会治理智联网技术工信部重点实验室副主任。国家高等教育智慧教育平台技术研发总负责人。主要从事新一代互联网体系结构、网络攻防安全、系统与智能安全、智慧教育技术等领域研究。面向未来互联网、工业互联网、网络攻防对抗、智慧教育等国家重大需求，主持国家重点研发计划项目1项，主持国家自然科学基金重点及面上等项目6项，带领团队承担国家重点研发计划课题4项。曾获高等教育国家级教学成果一等奖2项、二等奖1项，北京市教育教学成果特等奖及一等奖4项。

一、智能教育和智慧教育的边界与内涵

主持人：两位教授都是技术领域的专家，能否先为大家厘清一下概念，智能教育和智慧教育有什么区别？

吴飞：人工智能是一个通用目的的使能技术。它可以和任何场景、任何任务进行结合，形成"AI+X"范式的变革，所以人工智能很自然地就和教育进行了结合。智能教育指的是人工智能有关的数据挖掘、机器学习等技术与教育的场景进行结合，来赋能教育场景的变革。它主要从技术层面来改变教育的手段和目的。而智慧教育更多的是围绕创新型人才的培养，它谈的是教育的理念、手段和目的，以及如何用人工智能技术来将其实现。简单来讲，智能教育就是"AI+教育"；智慧教育是"教育+AI"，是以教育为起先，通过人工智能手段来实现。这是智能教育和智慧教育的区别。

主持人：也就是说，智能教育是一个比较具体的范畴，是要教大家人工智能的一些技术、方式、手段；而智慧教育是把这些手段应用到教育的各个领域、各个方面，是这么理解吗？

嵩天：是的。智能教育更多的是我们给所有的学生、各个阶段的人才讲授人工智能技术，以及让他们去运用人工智能技术的一种实践。智慧教育更多的是采用以人工智能为代表的新一代信息技术与教育教学相结合，挖掘教育教学潜力的一种实践。

主持人：现在发展智慧教育所需要的关键技术有哪些？

嵩天：我认为智慧教育是一个非常大的范畴，它本质上需要新一代信息技术支撑其变革与创新。首先，需要先进的网络技术。例如当下的在线学习，如果没有很好的网络条件，没有很短的网络服务延迟，那么很难达到面对面的交互效果。其次，需要大数据技术和数据分析技术。系统可以实时采集学生学习的各种行为和数据，进一步分析以提升教育和学习效果。再次，我们还需要人工智能技术。因为人工智能技术能够把数据分析的结果和专家的经验赋能到整个教育教学的过程。最后，可能还需要安全技术，比如区块链技术。现在有很多数字资源在网上进行传播，其确权问题、安全问题如何保障？甚至可以融合更多的先进信息技术，比如信号处理技术，在学习过程中对学生的脑电信号进行分析，利用脑电分析可以更有效地理解学生学习过程和认知过程。诸如此类的新一代信息技术都能有效推动智慧教育向前发展。

主持人：智能教育给使用者一个普及，也就是大家怎么把这些技术用好，同时可能也给未来技术支撑、人才支持。吴教授您怎么看？

吴飞：我个人认为，目前人工智能已经进入数据驱动的时代。所谓的数据驱动就是我们在获取大量的数据之后，从数据中形成知识和决策，然后对数据本身所承载的对象做更好的反馈和控制。在智能教育场景里面，我们可以记录学生的学习习惯、学习效果，然后从中分析学生学习性能提升的原因，从而调整教学的方法和手段。所以从这个角度来看，感知、认知、决策与反馈都可以用到人工智能的技术，以提升教育场景，达到更好的教育目的。

二、教育从信息化迈向数据化再到智能化是一个必然路径

主持人：教育部把教育数字化战略作为今年的一个重点。您认为有哪些行动的路径？

嵩天：要理解教育数字化战略的行动路径，还要厘清三个概念：教育信息化、教育数字化，可能将来还有教育智能化。这三个概念各有侧重，但本质上都是人机的关系，信息化更侧重于机器服务于人，比如我们用信息技术来代替日常生活中或者教育教学过程中的很多流程，从而解放人力提升效率，这就是教育信息化。所以我们建设相关的教育信息化的平台，并使它具有一定的教育信息化手段。

但是这个阶段过了之后，我们开始思考，机器能不能更好赋能教育，这就是第二个阶段——教育数字化。在这个阶段中，我们不仅要强调信息技术、

机器对教育教学的服务和支撑，更要想人怎么去跟它融合。所以在这个阶段，我认为人机是 1 ∶ 1 的关系。我们要思考如何更好地发挥机器的作用以开展教育教学。我们要去设计新的方法，不能墨守成规地去沿用信息化的思路；我们要去构造一些新的思路去推进教育数字化，更好地发挥技术为教育赋能的作用。

关于第三个阶段——教育智能化，我的理解是，人工智能充分发展之后，很多人类教育教学的经验会集成为智能化的手段。这个时候可能机器比人更重要，机器知道怎么更好地去以符合人类认知的方式来开展教育，人可能变成机器的一个终端，或者是机器服务的对象。所以我认为这三个阶段本质上是不同发展阶段中，人机关系在教育中的体现。

主持人：教育信息化、教育数字化再到教育智能化，这是不同的阶段。可能每个阶段都在前一个阶段的基础上发展出新特点、新架构，不能完全沿用。吴教授，您怎么看待现阶段教育数字化发展的路径？

吴飞：目前有一个说法，人工智能是引擎，数据是燃料；没有数据，人工智能就无法发挥巨大的能力。因此，数字化是智能化的前奏。当然，数字化产生的必备条件又是信息化。当教育的场景已经能够通过互联网连接起来，这就代表着信息化的阶段已经初步完成，进一步，就可以把教育教学的场景涌现出来的数据收集起来，用人工智能机器学习的技术进行分析，所以它是一条必然的路径——从信息化迈向数字化，再迈向智能化，这是一条非常正确的道路。

三、人工智能技术赋能教育的技术属性和社会属性特点鲜明

主持人：人工智能与很多领域都有所结合，而教育也有它自身的特点。请问吴教授，教育在与人工智能技术结合时，有何特殊之处？

吴飞：人工智能是一个通用目的的战略使能技术。就像蒸汽机和纺织工

业的结合带领人类社会走入工业革命的时代一样，人工智能必须和千行百业进行结合，才能发挥它的赋能和使能的作用。但教育又是一个特殊的领域，因为教育是一个开启心智、促进人成长的过程。因此，相比人工智能和其他行业的结合，人工智能在与教育结合时体现出的技术属性和社会属性更加鲜明。技术属性是指用人工智能技术来赋能教育手段的变革；社会属性是指围绕人的成长、心智的开启，不断提升教育的目的和教育的效果。它不像手机导航，也不像在线推荐，如果出现了问题，我们只需修改算法，提升算法的准确率就可以了。大家可以想象一下，如果人工智能赋能教育领域时，算法出现了偏差，或者算法出现了不公正不公平的结果，那么将对个体或者群体产生灾难性的影响。因此，人工智能赋能教育会呈现出技术属性和社会属性非常鲜明的特点。

主持人：讲到社会属性的时候，我们很自然地会想到，数据是信息时代的原料，是燃油，那么当拿到这些数据的时候，怎么用其实是很重要的。嵩教授，您认为在数字化的过程当中，应该注意哪些问题？怎么把它引到正确的路径上来？

嵩天：如果将教育数字化简单思考成两步走的问题，那么第一步就是要形成很多的数字资源。数字资源形成的过程中，我们要考虑数字资源本身的思政属性，比如资源内容是什么？它的价值观如何？第二步采用人工智能的算法进行推荐或者赋能，此时我们更要关注算法的公平性。其实这个公平性不完全是技术的公平性，更多的是社会属性的公平性。而目前的人工智能算法并不具备社会属性的公平性，甚至在挖掘大量数据时，它实际上是在缺乏合理的可解释性的情况下给出了相关的推荐。但是对于教育领域，我们需要的智能算法必须是要有一定社会属性表现的算法。比如公平性，不能让学生走到信息茧房①的细节里去，这些在人工智能算法中是非常关键的。

主持人：这是在教育领域里要注意的内容，是要注意的底层逻辑。更开

---

① 信息茧房：由哈佛大学教授凯斯·桑斯坦提出，指的是人们在信息领域会习惯性地被自己的兴趣所引导，从而将自己的生活桎梏于像蚕茧一般的"茧房"中。

阔一点看的话，还有哪些思路能够让数据更好地实现赋能？

嵩天：除了智能算法的赋能之外，更主要的是对数据所表达的教育教学的功能进行重构。其实我们现在讲的赋能，更多的是人怎么使用这些数据开展教育，这是更关键的。举个例子，今年教育部在推动国家教育数字化战略行动的过程中，一共建设了4个国家级智慧教育公共服务平台，包括国家中小学智慧教育平台、国家职业教育智慧教育平台、国家高等教育智慧教育平台，以及国家24365大学生就业服务平台。国家高等教育智慧教育平台是由北京理工大学和高等教育出版社联合承建的，我的团队负责的就是其中的技术部分。我们将全国超过6万门的慕课以及其他海量资源，包括教材、实验进行了大规模链接，使得只要在中国范围内出现的优质教育教学资源，都能够在一个平台上展现给学生和教师。我认为这是目前智慧教育的第一个阶段，即把它们链接起来。这个链接不是简单的相连，而是令它们之间发挥作用，包括平台中有多少人在学习，我们都会给课程所在平台或教材所在平台以数据反馈，这是第一步。

第二步，有了海量的教育数字化资源之后，我们就要对它进行重构。比如，以前学生只能看到一门课程，现在我们可以把与这门课程有关的视频资源、在线课程资源、教材资源、实验资源，甚至教师对这门课程的教育反馈资源同时呈现给学生。我们重构出新的教学模式，这个模式本身会释放教学生产力，这其中用到了很多新一代的信息技术，其中就有人工智能技术。我认为这个阶段更多的是由大家去构建新模式以推动教育变化，释放生产力。

主持人：吴教授，对于非计算机专业的非技术出身的我们来说，怎么样通过智能教育掌握这个架构背后的技术原理，以提出更合理的需求呢？

吴飞：我们总是在提"人工智能，教育先行"。所谓的"教育先行"就是要培养多学科交叉的人才。实际上，人工智能有个类比的特点，就是促进学科交叉。阿尔法Go、阿尔法Fold和智慧医疗等途径，都是利用人工智能的技术来推动原有场景的变化。目前我们人才培养的使命就是要教会非人工智能专业的学生运用起人工智能或者通过有效的手段来推动学科的变革。最近，浙江大学、上海交通大学、复旦大学、南京大学和中国科学技术大学联合发起了一个叫"AI+X微专业"的课程。所谓的"AI+X微专业"，就是X专业的学生不需要体系化地学习人工智能，因为他们毕竟不是人工智能专业的学生。我们从人工智能技术里面挑选出对X专业的学生有用的算法、工具和平台，去教他们，让他们掌握一种工具来支持他们对自己学科的深入研究。我认为"AI+X微专业"是一个很好的范例，就是用人工智能去教X专业的学生。围绕这些专业的场景和有用的知识进行教育教学，让所有的学生都能够很好地利用人工智能的技术和手段。据说，目前美国麻省理工学院每年有47%的新生选择计算机专业。我认为人工智能和计算机技术一样，都是一种通用目的的技术，让学生在智能时代掌握这种技术，就能让他们发挥更大的活力和创新力。

主持人： 未来有没有可能对于不论什么专业的学生或中小学生，我们都应把人工智能素养作为一门通识的课程来教？

嵩天： 这件事情目前正在进行，包括北京理工大学在内的很多学校都在做。学校与企业智能基座联合，并与国家教育考试院达成了一致，将在全国计算机等级考试中增加人工智能的一到四级考试。其中的一级考试面向人工智能的素养问题，主要考察包括中小学生在内的各级学生是否具备对人工智能的基本认知。这个认知不完全是对人工智能底层技术的认知，而是对人工智能与社会关系各方面关系的认知。进一步还有二级考试、三级考试，包括对人工智能的基本技术的理解和对技术运用等方面的考核。这种国家级考试是一种保障性的考试，它对水平做了一个共识的定义。这样的定义可以促进整个行业，以及智能教育整体有序发展。通过不断形成的共识而达到不同级别的考试，让大家的教育教学过程有一个依据。如此，我们将会看到我们国家的人工智能教育发展形成一个有序的体系。

四、智能技术要致力于解决教育教学中的关键问题

主持人： 吴教授，您认为智能教育发展还存在哪些问题？有哪些思路来

解决它、推动它？

吴飞： 在发展智能教育的过程中，我们要时刻把握如下的观点，即人工智能只是辅助的工具和手段。它能帮助学生学得更好，也能帮助教师教得更好。因此，技术的运用要紧密围绕教育教学重要的场景所产生的问题，比如刚才讨论的教育的公平性、资源共享的便捷性，以及教育效果的由果溯因等关键问题。如何借助人工智能更好地提升教育教学手段，这是我们要面临的巨大问题。

从 2018 年开始，国家自然科学基金委已经把教育设定为一种自然研究的对象，认为其中有非常多的基础理论研究值得探索。随着这几年人工智能专家和教育专家投入教育信息科学与技术的研究中，我相信很多问题会慢慢得到解决，迎来一个更好的"智能 + 教育"的时代。

主持人： 技术一直在不断创新、不断迭代。比如学会的地理等基础知识能用好长时间，但是技术在教与学过程中的运用需要一直更新，让学生始终保持学习。您如何看待这个问题？

吴飞： 这就是人工智能本身的特点。人工智能作为通用目的使能的战略技术，它本身具有前沿性和迭代性。它不断随着生活场景发生变化，或者随着要解决问题的复杂形势而出现。新的领域和新的场景里，能表现出人特有的认知、感知、决策、分析、判断的能力，人工智能也必须在新的场景、新的任务和新的问题里表现出庞大的能力。只不过这一次技术应用的战场是教育这一领域。所以说，人工智能也在不断演进、发展，不断适应新的问题。因此，人工智能赋能教育本身发展，教育又促进了人工智能不断演变和提升。

主持人： 我们今天虽然讨论的是技术话题，但其实更多的还真的不是技术本身。未来研究与掌握新技术的能力，用什么样的新技术去解决新问题的能力，这可能是我们更关注的。

嵩天： 没错，人工智能技术不断向前发展。我们可以举一个参考例子，三十年前，当计算机刚刚走入我们生活的时候，人们对计算机也不熟悉。所以在大学中开过一段叫作大学计算机文化的课程……

主持人： 还得带着鞋套进机房。

嵩天：……没错。所以这是一个适应的过程。到今天，我们对人工智能的认识是不断地形成共识，形成基础性的东西，这也应该通过一种类似文化或者类似于一个共性技术的手段，来让更多的人去掌握。当然，它的先进性、前沿性，是由人工智能专业的学生以及这个领域的学者推动。但是形成的共识和对社会有所改变的文化或者相关内容，应该是以基础的方式、素养的方式和基础技术技能的方式沉淀下来的。

主持人：吴教授，是否可以这样理解，未来大家都应具备基本的素养，然后其中有一些拔尖创新的人才在推动教育螺旋上升？

吴飞：人工智能本身的发展需要两类人才。第一类是人工智能专业技术发展的人才。他们关注前沿基础研究、人工智能的核心技术，比如视觉理解、自然语言的分析。第二类是用人工智能技术来改变自己的专业、自己所处场景、自己所学学科的人才。比如阿尔法 Fold，以前预测蛋白质序列的三维空间结构是用冷冻电镜进行观测，但现在我们可以用机器学习直接预测蛋白质三维空间结构的过程，它改变了生命科学的研究范式，从而使掌握人工智能或者掌握机器学习的化学家取得了比不掌握这一门通用技术的化学家更大的成就。所以说，人工智能本身的发展和人工智能驱动某一学科的发展的两类人才，都是我们今后社会所需要的人才。对教育也是一样。

五、智慧教育全面深入发展的未来憧憬

主持人：技术在赋能教育，教育也在赋能技术。您对智慧教育未来的场景有什么憧憬？

嵩天：我认为未来应该是一个人机和谐的社会。在人机和谐的社会中，第一，在智慧教育的大范畴内，技术能够更多地释放在教育过程中琐碎的体力工作。第二，我觉得包括人工智能等新一代信息技术，应该带来与人面对面讲课不同的新体验。这个体验很关键。比如现有的人工智能技术能否让我们真正地改变目前的认知过程。

除此之外还有一些新的技术，比如用脑电波来监测学生学习的认知状态，就可以知道学生的学习到底是专注的还是敷衍的。智能算法是能分析出这些内容的。如果分析出这样的内容，教师就可以根据学生学习的状态去改变教学策略。这样的场景都是面对面、人与人的教育教学所达不到的。所以，智慧教育走到深水区的时候，不再是简单的数据融合，更多的是新一代的技术带来的更新的、更别致的教育体验。如果这种别致的教育体验，让人们在学习过程中的学习动力更强或成效更高，那智慧教育就成功了。

主持人：有了这样的体验和兴趣之后，会反过来促进技术的迭代升级。谢谢嵩教授，谢谢吴教授。我想今天通过两位教授的分享，大家对于技术和教育的关系已经理解得比较清楚了。当然我们更期待每个人在其中都能再有新的创新。

扫一扫，观看访谈视频

构建新型教学模式
助力教育教学提质增效

——访钟绍春、孙众、曹晓明

东北师范大学教授、博士生导师。教育部数字化学习支撑技术工程研究中心主任。国家"互联网＋"行动专家咨询委员会委员，教育部教育信息化专家组成员，教育部智慧教育示范区创建专家组成员。主要从事智慧教育、"互联网＋教育"理论与方法研究。主持国家级软件行动计划项目，国家科技支撑计划课题等。获教育部科学技术进步奖二等奖、国家教学成果奖二等奖等。发表论文200余篇。

钟绍春

首都师范大学教授、博士生导师。信息工程学院人工智能（师范）专业负责人、人工智能教育研究院副院长。教育部基础教育信息化教学指导专委会委员，教育部"基于教学改革、融合信息技术的新型教与学模式"实验区专家组专家。研究方向为人工智能教育、技术支持的教师专业发展等。主持国家自然科学基金面上项目、教育部人文社会科学规划项目、北京市教育科学规划重点课题等。发表SSCI及中文核心期刊文章60余篇。获全国教育创新成果博览会最高SERVE成果奖、北京市基础教育教学成果奖等。

孙众

深圳大学教授，教育学部副主任、教育学院院长，智能教育研究中心主任。教育部基础教育教学指导专业委员会委员，中国教育技术协会人工智能专业委员会常务理事。主要研究方向为信息化教学创新、智能教育。荣获广东省教学成果奖（基础教育）一等奖、深圳市第九届哲学社会科学优秀成果奖二等奖。出版《数字化学习中的新媒体与新技术》等3部教材。先后主持教育部人文社会科学研究课题、教育部基础教育司委托课题、深圳市教育科学规划重大课题。

曹晓明

一、突破传统——新型教学模式的显著特征

主持人：请三位教授用最通俗的语言举例说明什么是新型教学模式。

钟绍春：新型教学模式肯定是相对于传统的教学模式而言的，它重点解决的是在常规条件下不好解决的一些问题。比如小学语文领航阅读，先选出全区最好的几位语文教师，然后让全区所有的小学生在网络上跟着这几位教师学习，由这几位教师组织学生、指导学生，通过问题驱动学生学习，这种模式在常规条件下是做不到的。还比如利用微课程，有针对性地支持学生个性化学习。利用大数据，对学生学习情况进行精准评测，找到问题以后，为学生推荐适合的微课程。这些都是典型的新型课堂教学模式。

孙众：模式是一个常见的概念，经常和教学结构、教学策略一起出现。模式是一个在教学理念指导下的行为序列的组合，某一种组合一旦有效了，它就成为一种稳定的模式。新型教学模式就是要改变教师讲、学生听、学生去做练习再考试的传统教学模式，它的引入可以打破这种稳定的结构序列。比如传统的语文或英语作文教学模式，通常是教师布置一个作文题，学生提交一两周之后，教师把作文批改的结果告诉学生，从而结束这个教学任务。当智能作文批改进入作文课堂教学后，我们就会发现学生只要在基于人工智能算法的作文批改系统里提交了教师布置的作文，系统会自动地给出分数和评语，并告诉他哪个地方有语法错误，哪个地方有词语搭配错误，以及这些该怎么改。学生和算法之间形成了实践互动、智能反馈之后，教师再看到学生作文的时候，就能够基于全班学生作文写的怎么样，个别学生作文写的怎么样，他们的主要问题是在哪，有针对性地做反馈、做指导。这个时候，我们就可以看到原来的作文课堂教学模式发生了怎样的变化。

曹晓明：新和旧是一个相对的概念，我理解的新型教学模式是在现有的基础上做一定的改进和突破。具体来讲，有五个不同维度的"新"。第一个是教学手段新。从传统的仅依托于多媒体的教学方式，到依托于新的智能技术

的教学手段。第二个是教学环境新。从传统的教学环境向数字化的学习环境去转型。第三个是教学结构新。特别是从传统以教为主的教学结构转变为以教师主导、学生主体的双组教学结构。第四个是教学评价新。特别反映在评价理念上，不只关注于终结性评价，也重视对学生的过程性评价，包括探索增值性评价。同时在评价的实施路径上特别关注新的技术，特别是数据的应用，强调以数据说话，以数据为证据。第五个是在前四个基础上，构建新的课堂样态。例如，深圳市在推进智慧教育示范区建设的过程中做了一项尝试：打造深圳市云端学校。云端学校实际上是一个实体学校，但是它采用"1+N"的方式。一个实体学校带动 11 个区，每个区都有一些云端学校的核心校，这些核心校下面又有一些加盟校，形成了一个网状的结构。云端学校老师的课堂可以推送到各个核心校和加盟校，学生面对的不只有自己的老师，也有云端学校的老师。深圳市在推进云端学校的过程中，提出了"50%+50%"的概念，也就是 50% 的课时是云端学校的教师教授，50% 的课时是学生线下的教师教授。这样就实现了双线混融、多师多堂的课堂样态，形成了一整套基于教学改革的尝试。这个尝试当中的结构与之前的传统教学模式有非常大的差异。

二、新型教学模式优势所在

新型教学模式在目前的教育教学中是怎样发挥作用的？

　　首都师范大学孙众教授所带领的团队将中小学教师与高师院校的导师、师范生、区域教研员等紧密联系起来，依托移动互联网络建立起中小学教师和高校师范生的专业互助成长平台——云桥学院。

　　课程设计：课程采用"数据驱动、持续优化"的设计理念，在"互联网＋教育"环境下为学习者提供"网络学习平台＋微信交流空间＋问答机器人"的云端互助学习环境。开课前，课程团队通过问卷、访谈、实地调研、专题交流会等形式，收集中小学教师和师范生的学习需求，在此基础上，由高校导师和优秀的一线教师进行课程设计。开课中，收集全样本全过程的学习数据，如在线学习时长、学习时段、作业表现、线上讨论热点、互动频次等。开课后，师范生和导师团队共同对数据进行系统分析，包括学习行为特征、社交网络等，再将分析结果反馈到下一轮课程开发中，以落实"数据驱动、持续优化"的设计理念。

课程特色：学习者生成内容、人机协同的支持服务、师范生多角色定位、中小学教师与师范生形成协同互助的学习共同体四大创新要素，保证了本课程的实用性和高品质。面向信息技术应用能力提升的教师教育类课程一定要嵌入真实情境中，因此，把教学资源开发、教学系统设计、教学科学研究等融入课程学习任务里，并与教师工作的主要业务流程相结合，是本课程的一大特色。此外，课程团队会随时收集学习过程中产生的高频提问与典型问答，定期整理归类后输送到数据库。那么类似问题再次出现时，嵌入课程里的机器人会自动回答，形成人机协同的支持服务。在云桥学院，师范生兼具多重角色，他们是课程的开发者，是数据的分析师，同时还是中小学教师在线学习的新同学。师范生与高校导师一起开发课程，与中小学教师一起学习课程，生成内容、同伴互评、讨论分享，再与高校导师一起提供全程答疑、分析数据、优化课程等。本课程最大的特色就是形成职前职后教师协同互助的专业成长共同体。

主持人：新型教学模式和传统教学模式相比，它的优势在哪里呢？它对教与学的双方又提出了怎样的具体要求？

钟绍春：新型教学模式之所以"新"，是因为它能够借助人工智能、大数据等新兴技术手段，破解原有课堂中的一些关键瓶颈问题。比如在常规条件下，老师无法动态、及时获取学生的学习情况来对课堂做出调整，所以原有的教学安排一般都是预设好的，想改进是不太可能的。再比如课堂教学中，教师的教学计划是统一安排的，不可能使所有学生学习都能够达到最佳状态。学生期望有适合他的教师，按照他的情况来做进一步的指导和讲解，这在常规条件下是做不到的。

另外，一些理科类的疑难知识不好理解，文科类的资料不好获得，也会导致学生知识学习困难。这也是制约原有课堂学习质量的关键瓶颈。通过构建新型课堂教学模式，在人工智能、大数据、虚拟现实、互联网、移动学习终端等新型技术手段的支持下，我们可能会找到更多、更好的解决办法。比如借助大数据分析技术动态感知学生的学习情况，有针对性地为学生供给适合的学习资源。借助虚拟仿真等技术，仿真出探究所需要的环境和各种工具，并对关键学习点进行有针对性的测试和评价。通过这些来解决原有课堂当中难以解决、难以逾越的一些核心瓶颈问题，这就是新型课堂教学模式给课堂带来的改变。

孙众：我觉得新型教学模式突出的优点可以归纳为开放性、主体性和有效性。一是开放性。与传统模式相比，新型教学模式的教育供给更为开放。比如，乡村教师在进行学习的时候，他的教育供给不仅仅来自一个高校的讲师团队，而且会有教育企业、教研机构以及优秀的教师同行，共同来提供好的经验、好的想法、好的实践。乡村教师的学习伙伴不仅有和他一起接受培训的教师同行，还有师范生。师范生作为一个在技术上有优势但在教学经验上不足的群体，他们对教育实践充满了渴望，很愿意与教师共同学习。乡村教师的技术应用能力相对薄弱，但有非常丰富的教学经验。他们之间就形成了一种互联网下的新型同学关系。二是主体性。开放性带来了主体性，也就是说，新型教学模式一定要为学习者服务，无论学生，还是教师群体，他们都有更多机会、更大可能成为教与学的主体。三是有效性。在新型教学模式下，我们离不开信息技术、人工智能技术的支持。于是我们就有很多机会去了解教学过程中的数据，以及数据帮我们发现了哪些问题和规律。当我们再提出新的教学模式或对其进行迭代时，就有了依据。

归纳下来，新型教学模式具有开放性、主体性和有效性三个优势。在推进新型教学模式时，教师要在理念上判断，其是否采用了正确的教育教学思想，是否对教育规律和学科的教学规律有深刻的理解和把握，模式提出是否合理，决策是否科学。这些都要经过实践的检验，从实践中来、到实践中去。

曹晓明： 我认为新型教学模式最大的优势在于给教学改革提供了载体和抓手。2022 年 4 月发布的《义务教育课程方案和课程标准（2022 年版）》里提出了五项基本原则，这五项基本原则的落实与信息技术息息相关。

其中，第二项提到"面向全体学生，因材施教"，要实施面向全体学生因材施教的难度非常大。因材施教不只是一个理念，更是几千年来育人的理想。目前推进因材施教更多的是需要具体的路径和策略。一方面需要丰富的教育资源的供给，另一方面需要有个性化的学习路径的支持。缺少信息技术的支持，因材施教是很难实现的。所以需要利用新一代人工智能技术，包括大数据，分析学生的特征，为其提供个性化的学习路径和支持。

第五项强调"变革育人方式，突出实践"。其中特别强调要把育人方式放在新技术背景下来进行探索。

我认为新型教学模式的影响因素应该是系统化的。这里我借鉴一下教育信息化领域大家比较熟悉的一个比喻——"路车货人"。如果要落实新型教学模式，就要把整个教育信息化的系统进行优化。"路"实际上指的是依托 5G 网络，打造适合学生个性化学习、自主学习的高速信息网络。"车"实际上指的是一个融合智能技术的、能支持学生智慧学习的平台。"货"实际上指的是为了支持学生的探究和自主学习，为学生准备的各类丰富的教学资源，包括我们现在比较关注的虚拟现实的资源。"人"实际上指的是"驾驶员"，指的是一批具备数字素养、具备数字转型能力、具备进行新的教学改革意识和思维的教师，这是驱动教学模式探索中最关键的要素。我想这四个因素应该是系统化的，在推进新型教学模式的改革过程当中，是协调发展的。

三、新型教学模式的应用与推广

主持人： 孙教授多年来一直致力于提升乡村教师的信息化教学能力，培训乡村教师掌握新型教学模式，运用各种信息化的教学手段。那么在培训教师的过程当中，是否也会用到很多新型教学模式呢？

孙众： 要建立高质量的教育体系，一定离不开高质量教师队伍的建设，尤其是乡村教师队伍的建设。教育信息化在越是需要经济快速提升、师资力量快速提升的地方，它的作用才发挥得越大。所以无论是教育部，还是各级教育行政部门，乃至学校自身，都在通过各种各样的方式来提升教师队伍建设。云桥学院我们已经持续做了七年，是专门面向偏远乡村地区的教师信息化培训的项目。其特色是把高校师范生的力量发挥出来，让他们和乡村教师作为新同学进行共学互学。这本身就是一种新的教学模式。在这个过程中，我们发现，这一方式有助于增强师范生的职业认同感，也很好地支持了乡村教师的信息化教学培训。

主持人： 新型教学模式其实已经提出一些年了，而且我们国家非常重视这项工作。在 2019 年 10 月，教育部就发布遴选"基于教学改革、融合信息技术的新型教与学模式"实验区的文件，明确提出要创建新型教学模式的政策导向与行动举措。请问三位教授，就目前了解的情况来看，这项工作推进得如何了？

孙众： 实验区的定位不只是局限于信息技术在手段、工具、方法等方面的浅层改革，而是要把信息技术融合到教学理念中，开展深层次的模式方法改革。实验区为推进新型教学模式赋予了明确的定位。目前全国的 31 个省份、91 个区县开展了实验区的工作，通过教育部集体组织的交流活动、区域或学校组织的交流活动来开展学习。比如通过信息化论坛的形式，我们称之为"信坛"，以信息化的信坛论道的方式进行交流。我们希望在这个过程中，实验区能够让更多的学校、更多的区域创新工作机制，整体推进，协调各方力量，让新型教学模式惠及更多学校、更多师生。

钟绍春： 目前看课堂教学方面存在的问题可以划分为两个层级。第一个层级是教学本身的思路方法没有问题，欠缺的是便利的平台和手段。在这种情况下，我们只要利用好技术公司开发的平台、资源就可以了。但是往往很多学科的教学，在常规条件下，原有的做法是有问题的，并不能够真正让学生的学习达到最佳、最好的效果。按照原本的有问题有缺陷的教学思路和方法，即便使用了技术，如人工智能、大数据，也不能提高教学效果，这是第二个层级。

在这种情况下，技术引入以后，有了新的内生变量，有了新的条件，我们要重新思考教学方式方法如何变革。变革的过程需要不断探索研究，不断迭代改进，需要足够数量的教师在足够数量的课堂经历大量的实证验证。所以在教育教学上，技术的应用需要不断探索新方法，不断研究在现有的技术条件下如何形成教育教学新模式。

这个新模式需要更多创新。教育信息化 2.0 时代的核心关键词是创新，而不是简单应用。这种创新需要一个过程，所以"基于教学改革、融合信息技术的新型教与学模式"实验区工作对于教学改革和创新是十分必要的。

曹晓明：教师和信息化的关系大致可以分为应用、整合、融合、创新四个阶段。教师们在前两个阶段比较得心应手，但是在融合和创新这两个阶段可能会遇到很多难题，包括理论上的问题、技术上的瓶颈等。我认为教育部推动基于教学改革、融合信息技术的新型教与学模式的实验区最大的意义，是在融合和创新的路径上提供了顶层设计和统筹的规划。

教育部开展这项工作的基本思路是自上而下和自下而上相结合。教育部推动设立 90 多个国家示范区，各个示范区又推动了若干个实验校的相关建设。这些实验校，既是教学模式的探索实践，同时也是教育研究的课题对象，对促进教师与信息化融合与创新非常有帮助。

教学模式的探索是教育数字化转型的重要抓手。教育部发布的《关于推进教育新型基础设施建设 构建高质量教育支撑体系的指导意见》中明确提出了六种类型的教育新基建，这六种新基建为新型教学模式提供了支撑和保障。

综合来讲，我认为实验区的建设从国家层面上为当前智能时代的教育变革提供了方向，发挥了纲领性、引导性的作用。

四、如何构建新型教学模式

主持人：刚才我们的讨论更多的是围绕新型教学模式的应用、推广、实践这些方面。回到更根本的问题，如何构建新型教学模式呢？在这方面还存在哪些困难和问题，怎么去解决？

孙众：在构建一个教学模式的时候，可以从五个方面来开展。第一个方面是要有正确的教育理念的指导。模式是在更上位的理念指导下开展的具体的活动组合。如果教育理念、教育方向把握不好，更深刻的教学变革就无法进行。

第二个方面是要有适切、科学的教学设计。我们现在倡导素养导向的大单元设计，这和原来相对孤立的以课时为主的教学设计有很大的不同。

第三个方面是要有丰富而且切实的优质资源。像国家中小学智慧教育平台就提供了丰富、优质的教学资源。可以说，国家级的数字基座提供支持，各地特色教育资源进行补充。

第四个方面是要有新兴技术的支持。新兴的教学模式，离不开人工智能、5G等新技术在其中的应用。技术的应用能够让我们去了解、去挖掘学习背后的现象以及现象背后的规律，辅助我们做基于证据的教育决策。

第五个方面是教学评价。评价应该是指向学生的深度学习，指向学生全面发展的评价。

钟绍春：关于新型教学模式的构建，我认为前提条件是以大的课程理念、素养导向为背景。

具体构建的时候，首先是要做好梳理总结，总结学科教学的瓶颈问题、学生学习的瓶颈问题，并按照不同课程类型去分类梳理，且在梳理过程当中要有足够的数据作为支撑。其次，要思考这些问题和学习瓶颈在技术条件下如何破解。破解这些问题的前提条件是要明确目前的技术水平能带来哪些帮助和支持，再去研究新的教学思路教学方法所形成的教学活动安排中，哪些环节和活动在常规条件下实现困难，以及用技术能否解决？它的应用规律是什么？大量的实证研究后，自然而然形成有规律性的可以凝练的模式。

其中的难点有几个方面，一是学习逻辑设计。教师要用真正能驱动学生学习的好问题、好任务来激发学生，让学生发自内心愿意学。

二是学习路径设计。过去教师的教学模式是固定的、单一的、预设好的。

有了技术以后，现在的教师可以多路径设计课堂教学结构，厘清学生群体类别，在每一个环节上设计适合不同类别学生的分叉路径。

在每一个环节的构建和实施的过程中有三个方面的事情要做。第一是活动的实施工具，包括虚拟仿真工具、仿真实验室等。第二是打破课堂组织结构，不是完全由任课教师主宰，而是引入其他优秀教师的微课程、云课程。第三是利用大数据进行实时动态的精准评测。从这三个方面去支撑突破现在课堂教学模式构建的瓶颈问题。

曹晓明： 我认为构建新型教学模式是一个比较难的工作，因为它是基于创新来推进的。其中有几个非常重要的关键点。首先，一线教师对什么是新型教学模式，以及如何来实施不太清晰。所以需要建立新型教学模式的蓝本和框架，给一线教师提供一系列基于案例式的、可操作式的参考路径。其次，从教师自身来说有几个方面的准备：一是思想上的准备，教师要接受新型教学模式并且转变传统教学观念；二是技术方面的准备，特别是新兴技术与新型教学模式之间的关系；三是伙伴的支持，也就是教师不应独自做这项工作，而应联合相关学科，或者是相关团队的人员来推进。最后，我想特别提出来的是关于机制方面的保障。因为新型教学模式作为学校的教学创新，最难的部分是进行常态化、可持续的推广。所以如何激发教师的动力，在动机方面给予持续性的保障，需要强有力的政策支持和机制保证。整体来说，我觉得要做新型教学模式的探索，不是点上的，而是一个生态系统的整体推进。

五、新型教学模式将会给未来教育教学带来的改变

主持人： 最后请三位教授展望一下，随着新型教学模式的进一步应用，未来教育教学还会发生什么样的变化？

钟绍春： 随着对新型教学模式的不断探索，我期望未来课堂的样态就是能够有最好的教师根据学生的实际情况安排教与学活动，并能够根据动态的学生学习情况，优化调整教学活动。学生能够在有效的支撑环境中，通过最

适合的学习路径，找到最佳学伴，在最优秀教师的帮助下开展个性化学习，获得个性而又全面的发展。

孙众：我认为模式不是一个最终的目标。因为模式无论怎么变，都不会改变教育教学的育人本质，但是模式有个非常重要的推进作用。所以我们不停地在正确理念的指导下去探索新型教学模式，就会让学校、让教学生态发生一些变化。所以未来新型教学模式的呈现样态是多种多样的，有可能是在校园里，有可能是在社区里，也有可能是在社会的教育场馆里。我们希望新型教学模式能够为全新的教育样态探索带来一些实践性的支撑，让它们更有生命力，更有力量。

曹晓明：我认为新型教学模式对整个教育系统的改变是全方位的。首先它会改变学校的样态。传统的教学多采用排排坐、秧田式的、车间式的结构，这种结构已延续了几百年，但是在这种结构下很难实施新型教学模式，特别是大家非常期待的个性化教学、自主学习等。在智能技术的支持下，未来的学习空间可能会发生多样态的变化，特别是以灵活空间支持灵活教学模式的趋势，将是未来探索的方向。

其次，未来教师可能也会发生一些变化。学生面对的教师不再只是人类教师，可能会有四种不同的教师场景。第一是现在面对的人类教师。第二是机器人教师。还有两种过渡场景。第三是人教机辅，人类教师来教，机器教师作为助教。第四是机教人辅，机器是主教教师，人作为辅导教师。类似于这样的方式，将为教育带来非常大的变化，这是供给侧的教育改革，而智能技术恰恰提供了很好的支持。《中国教育现代化 2035》特别提到，建设智能化校园，实现规模化教育与个性化培养有机结合。我个人认为我们所畅想的未来实际上并不遥远。

扫一扫，观看访谈视频

智能技术赋能教师教育发展

——访桑国元、闫寒冰、方海光

桑国元

北京师范大学教育学部教授，博士生导师。联合国教科文组织农村教育与培训中心首席专家。比利时根特大学、北京师范大学双博士。中国民族学人类学学会教育人类学专业委员会常务理事。研究领域为教师教育、项目学习、教育技术、教育人类学、少数民族教育等。出版、参编著作10部。在国内外中英文核心刊物发表论文100余篇（其中英文核心论文40余篇）。主持多项省部级课题、国际联合研究课题。

闫寒冰

华东师范大学教授，博士生导师。教师发展学院（开放教育学院）院长，全国中小学教师培训专家工作组副组长，中小学教师信息技术应用能力提升工程办执行负责人，教育部课程中心"深度学习"综合组成员，上海市远距离高等教育学会会长。研究领域主要集中在远程教育质量管理、教师培训设计与管理、信息技术与教学整合。

方海光

首都师范大学教育学院教授，博士生导师，北京市教育大数据协同创新研究基地主任，教育部数字教育技术应用与创新研究中心主任。研究方向为人工智能教育、教育大数据和教育机器人。主持和参加了国家社科规划项目、自然基金项目、973项目、863项目、北京市教育科学规划项目等50余项。发表论文100余篇，其中SCI/EI收录20余篇，CSSCI收录50余篇，出版专著和教材10部。

一、教师教育的新变化

主持人：任何时候教师教育都有一些不变的原则，比如传道、授业、解惑，比如学为人师、行为世范。但是这几年随着时代的发展、技术的进步，教师教育也发生了很多变化。请三位教授介绍一下教师教育这几年都发生了哪些变化。

桑国元：我认为重大的变化体现在两个方面，第一个是国家的教师教育体系正在完善。师范院校作为主体，综合性大学、中小学教育行政部门、教研机构共同参与的开放、协同、联动的中国特色教师教育体系在逐渐形成和完善。第二个是高质量的教师队伍建设得到了有效保障。师范院校的发展和师范生的培养，从过去的追求数量走向了追求质量。

方海光：从技术带来的冲击，以及教学本身业务带来的创新等一些影响来看，大体上有三类主要的新变化。第一类变化是在教师教育的过程中，注重情境的再现和反思，特别是通过教学案例视频突出针对具体问题的分析，以及教学策略越来越具有针对性。

第二类变化是特别注重对教师精准培训的应用，包括各种创新方式。比如通过前测的数据分析，对培训教师进行有针对性的内容设计；通过培训过程中的数据反馈以及生成性问题，对整个培训过程进行内容重新调整和编排。

第三类变化是越来越注重区域群体经验的交流，教师教学具有很强的区域特性，通过虚拟社区、在线教研室的协同、一系列在线平台等，进行实践经验交流，可以提炼出更精彩的教学策略。总体上看，无论是技术带来的创新，还是教学带来的创新，其所具有的务实、高效的特征体现了人技协同的新变化。

闫寒冰：从职后教师发展的角度来说，我认为很明显的是从培训到赋能的方向上的变化，或者说追求的是能力本位的教师教育。我们特别强调教师的培训学习要学以致用，还强调伴随性，即教师的工作、学习是无缝衔接的，也就是我们经常说的做中学。为什么现在的教师培训更多的是长周期的呢？就是因为教师的学习、实践、反思要形成闭环，且需与校本研修相关联。

二、智能技术为教师培训提供支撑

主持人：三位教授既讲到了教师职前培训，也讲到了职后培训。现在倡导教师的终身学习和职业成长，特别是在入职之后，智能技术也会很好地赋能教师的职后培训，关于这部分内容是否有例子呢？

桑国元：北京师范大学教师教育研究中心建设了教师学习数字实验室，用于职前教师的培养和职后教师的培训。一方面，参加培训的教师来到实验室后，可以与其他区域的教师或者课堂建立线上联系；另一个方面，我们会通过眼动仪、脑电仪等一些设备追踪教师在这个过程中的一些变化。

闫寒冰：现在的培训模式，从体系化的离境培训——离开学校到某个场所去培训，转变为支持线上线下融合的场景学习。比如国家智慧教育公共服务平台，其中的很多资源都是在线的头部资源，都是最精品的教师、专家的报告。教师在学习时，如果结合现实教学中的一些问题，就可以更好地学习。

现在的培训评估是从基于经验的评估发展为基于数据的评估。华东师范大学开发的精准课堂听评课体系，支持对教师课堂教学能力进行数据采集和汇总，并且给出精准诊断。这和伴随性、个性化、应用性的教学模式和培训模式都是相适应的。

方海光：目前北京地区有一些很有特色的应用，比如通过课堂教学案例的视频来进行课堂的观察和分析。这种应用从 2008 年便开始大量投入研究，现在已经到了推广阶段。以目前大家经常看的、接受度更高的短视频为例，对于教师的培训，我们可以把课截成短视频来进行综合的技术支持的分析，包括教师的行为、语言、表情，及其相关内容。现在很多区域采用的自动化视频分析，对区域教师整体水平的提高大有帮助。首都师范大学教育学院的团队正在研究和推广中小学教师教学能力的标准。基于这些标准，视频分析就有了依据。

首都师范大学附属中学进行的基于大数据的精准教学以及个性化学习，也为教师的能力提高以及整体教学水平的提高，提供了一些新的手段和办法。

三、智能技术助力区域教育均衡发展

2021年3月，成都市成华区公办中小学全面启动教师信息技术应用能力提升工程2.0，以此作为全国智慧教育示范区建设的重要抓手，推动教师信息素养提升行动。成华区按照导语、技术工具介绍、教学案例呈现、综合应用指导、内容总结、评测练习的资源建设结构，以信息技术与学科教学融合应用工作坊和种子骨干教师为制作主体，基于教师的教学实践成果，研发出这套区域云平台支持的教育教学应用培训课程。该课程由智慧教育区情、教学助手、班级管理、微课通应用四大主题内容构成，内容涵盖区域云平台中的常用学科教学与管理工具。

2020年10月，依托新岗教师入职培训项目，成华区以新入职的208名教师为培训对象，采用"线上＋线下""资源＋任务""自学＋互助"等混合研修模式，首次将"A0区域云平台支持的教育教学应用"课程纳入教师培训课程体系中，经过试点取得了良好培训效果，为区域教师信息技术应用能力提升工程2.0深入实施打下基础。A0微能力点既是基于云平台的独立能力点，也为30个微能力点实验应用提供支撑服务。

成华区教师信息技术应用能力提升工程2.0项目办联合各单位共同研制《成华区中小学教师信息技术应用能力提升工程2.0校本实践应用实施指南》，分别从云平台功能、通用技术手段两个支持维度，对30个微能力点实践建议内容进行解读、丰富和完善。该施指南作为A0微能力点的配套教材，精准指导学校、教师依托云平台开展校本实践和课堂应用。

主持人：其实乡村教师也十分需要智能技术手段的赋能。前几天，我采访河北张家口的一位特岗教师，他说他在学校里教孩子们跳啦啦操，还现场演示了一段。而这段啦啦操正是这位教师在网上学的。现在教师们想教孩子们什么，自己不会时，他们就会去找资源，学会了之后再教孩子。智能技术让很多知识、很多技能的传播都畅通无阻了。请三位教授谈谈智能技术赋能乡村教师的状况怎么样？

桑国元： 我观察到一些具有能动性的乡村教师利用现代化的手段，在智能时代赋能教育、赋能学生。

我认为可以从三个方面来讲。第一个方面，有些学校或者是教育局会利用大数据去实现师资的均衡配置。它可能会涉及不同发展水平地区、学校之间资源的均衡配置问题。第二个方面，一些线上的资源可以通过共建共享的方式，让乡村教师去使用。教师会想尽一切办法去获取这些资源，然后利用这些资源去支持当地孩子们的教育和教学。第三个方面，很多区已经有人工智能助教，尤其是语言类，比如乡村教师的普通话、英语口语不是很标准，他们就可以借助人工智能助教来实现人机协同教学。我觉得这是一些典型的案例。

方海光： 我们通过一些国家公益项目走访了很多省份，发现中国乡村教育有以下几个特点。第一，乡村教师比较分散。第二，各地区之间存在很大的文化差异。教师的教学能力面临着很多的挑战。这些挑战主要来自乡村地区的教学点技术支持不足，乡村的环境比较复杂，很多乡村的师资教非所专，整体上导致了师资严重不均衡。此外，教师教学能力的基准缺乏。

为了解决以上系统性问题，除了区域或者国家层面提供的解决方案外，还可以应用一些成熟的国内外先进的教育理论方法，以及大数据、人工智能等前沿技术，充分发掘出乡村教师的特征。针对这些特征构建教师教学能力基准，继而针对实际场景提供综合能力的评测办法和赋能、支持教学的办法。

综上来讲，依托教育部、科技部多种工程类的重大攻关项目，以及全国智慧教育示范区、信息化教学实验区等多个平台，我们国家开展了大规模、大面积的试验和示范，推广成熟的经验，这方面的实践是值得期待的。

闫寒冰： 我们以前更多看到的是静态资源的使用，现在更多的是动态资源的应用。

举个例子，开展自主合作、探究学习，这对教师的能力要求很高。现在的帮扶方式是由区域名师设计并实施整个项目学习，称为"降维支持"。薄弱地区学校的教师就像小组长一样，带着学生一起完成项目学习的活动，并从中反思和提升自己的能力。可以说，教育公平已经实现从低位、中位向高位水平发展的转变，能更多支持学生个性化的核心素养与能力的发展。

四、智能技术服务教师教育发展的未来场景

主持人： 未来的教师培养模式是不是也会发生很大的变化？比如数字素养的考核，是不是将在教师职前培训或者职后培养中占据很大部分？

桑国元： 过去会有一些比较传统的竞赛，以考察教师的基本功和掌握的基础知识。但是在新的智能时代，关注未来教师如何利用技术，尤其是智能技术去辅助自己的教学，这一点特别重要。

比如数字博物馆这一资源怎样整合到教师的未来教学中。关于资源，想不想去用，有没有条件去用，会不会去用，这个涉及教师的信息技术整合意识和能力。

方海光： 数字素养应该是未来教师的成长生态中最基本的要素之一。接下来就是如何选择技术，如何应用技术，以及如何评判技术及其所带来的机遇与挑战。

除数字素养外，对于教师的成长来讲，还有一个要素就是教师的思维方式。在教育数字化转型过程当中，方法重于技术，因此我们特别强调教师应用技术的方法。相比于教师学习技术，学习基本的数字素养，如何改变教师的思维方式，如用新的方式、新的视角去看待学生的学习过程，做好教学设计，以提高学生的学习体验，是重点也是难点。

主持人： 如果从更长远的角度来看，您认为智能技术在教师培训和课堂使用方面，成熟的模式大概是什么样的？

闫寒冰：现在我们能够看到一个未来的场景，就是教学共同体的模式。过去几年，这种"领袖教师＋助学教师"组成的教学共同体得到了很好的发展，领袖教师知识掌握得更加精专，其他教师利用领袖教师的资源进行助学。未来领袖教师或将变成智能教师，教学共同体转为"智能教师＋人类教练"的模式。

那么作为教师，他一定要发展自己多方面的能力。未来教师要成为个性学习的促进师，要成为环境的设计师，还要成为教学数据的决策者。现在已经有大量的数据呈现在教师面前，但是面对这些数据，教师是否有敏感度？对于数据的质量、数据所生成的决策，教师是否接受？这些都是不同于以前的技术学习的。

所以在未来的教学模式中，教师也要不断提升自身能力，不能仅停留在技术的掌握和应用上，更多的是对数据进行判断、决策。

桑国元：我认为用"人类教师＋智能教练"比较合适，因为教师一词代表着广泛的含义。教师是学生的师傅、学生情感的陪伴者，他能读懂学生的情绪，虽然人工智能也具备一定的情感，但是距离人类还有非常遥远的距离。所以我认为不管怎么变化，教师在课堂当中的情感陪伴角色是机器永远没有办法替代的。

方海光：这的确也是一个很有趣的话题。我们经常会担心机器人教师取代人类教师，其实大可不必有这种担心。通过跟踪国内外的相关研究，我们认为将来相对稳定的形态，不是谁要取代谁，而是人类教师和机器教练能够很好地结合在一起，我们称之为人机协同教育。

目前正逐渐形成人机协同环境下的教育理论体系，以及开展一些应用实践。它的最大优势是能够充分利用人类教师的感性和机器教师的智能高效。教育本身是离不开感性的人类教师的，而令教师从繁重的重复劳动和其他庞杂的工作当中解脱，就需要机器的智能高效的协助。这就实现了"人类教师＋机器教师"的教学效果远远大于人类教师本身的典型场景。

关于教师和机器两者之间的关系我们可以细化为三种类型，这个分类其实就是人类和机器如何去分工的问题。

第一类是人来完成任务，机器协助。这个好比人拿着一个小设备，这个小设备就是机器，来完成教学任务。这是协同智能的概念。

第二类是机器来完成任务，人来进行监督。比如教练看学生运动时识别他们的肢体活动比较困难，而机器可以自动地完成对每名学生的肢体识别，然后给出运动上的建议。这一类的协同称作机器的自动化。

第三类是人来完成任务，机器对人进行增强。比如现场做一个测试，但是用传统手段很难很快得出测试结果。如果我们运用机器，不但能很快判断出正确与否，还能得到分析报告。如此，教师就知道下一步的教学应该如何去安排。这一类的协同我们称之为增强智能。

未来不同的应用会有不同的适用环境。但总体上来讲，以人类教师为主导的教学过程，是一个不变的基本规则。

主持人：谢谢三位教授的描述。桑教授，在今天节目的结尾，您还有哪些想分享的？

桑国元：技术的发展已经非常迅速。今天谈到智能技术如何促进教师教育这一话题，我认为未来还需要在三个层面上持续助力教师教育的发展。第一是要持续完善教师教育的新生态建设，包括技术支持教育新生态的建设。第二是技术要在教育公平方面发挥重要作用，我们多次谈到民族地区、乡村地区教师的发展，教育资源的均衡配置，大数据、人工智能在这些方面要发挥应有的作用。第三是职前教师、职后教师要很好地利用智能技术去赋能未来教学和现时代的教学。刚才方教授、闫教授也都提到了，教师如何从繁重的体力劳动中解放出来，比如说批改作业、判试卷等，这些可以交给技术来处理，以让教师有更多的时间去考虑学生的发展。

扫一扫，观看访谈视频

人工智能助推教师队伍建设

——访余胜泉、顾小清、段元丽

余胜泉

北京师范大学教授、博士生导师，北京师范大学未来教育高精尖创新中心执行主任、"移动学习"教育部－中国移动联合实验室主任。入选教育部新世纪优秀人才支持计划、国家百千万人才工程，被授予"有突出贡献中青年专家"荣誉称号。主要研究方向为人工智能教育应用、移动教育与泛在学习、区域性教育信息化、信息技术与课程整合等。

顾小清

华东师范大学教授、教育技术学博士生导师，教育信息技术学系主任，上海数字化教育装备工程技术研究中心主任。教育部教育信息化专家组成员、教育部教育信息化中长期发展规划和"十四五"规划专家组成员、教育部"智慧教育示范区"专家组成员。入选2011年度教育部新世纪优秀人才计划。研究领域为智慧教育、学习科学与学习技术。近年已完成及在研国家级、省部级以及国际合作课题数十项。

段元丽

蚌埠市委教育工委委员、市教育局副局长，负责基础教育、教师队伍建设、教育科研、语言文字、教育信息化、教育技术装备，统筹全市智慧教育建设工作。2022年，《基于"政企校研"协同的"智慧学校"建设应用实践》获智慧教育示范区2022年度智慧教育优秀案例。

一、人工智能助推教师发展的现状和前景

主持人：余教授，目前人工智能助推教师发展的现状如何？

余胜泉：人工智能助推教师队伍发展目前还处在一个初期的试点阶段，教育部将试点工作分两批启动，初期只有 2 所学校，后期有 100 所学校参与。试点代表这件事情还处在一个早期的发展、探索阶段。从形态上来看，人工智能技术主要用于代替教师一些简单的、重复性的工作，比如批改作业、智能答疑、批阅试卷等。另外，人工智能还应用于助推教师教研、识别教师在教学过程中的一些常见问题，并基于这些问题给出一些个性化的反馈等。当然人工智能在理论界也有很多的探索和充分的探讨，比如人工智能与教师协同的四种模式、人工智能教师的未来角色等等。

主持人：我们有很多大胆的想象，但是得在现实当中一点一点落地，这是探索阶段要做的事情。顾教授，您怎么看待现在的情况？

顾小清：教育部的人工智能助推教师发展的确是在一个试点阶段。我们可以从两方面来说，一个是在面上，另一个是在点上。面上的人工智能助推教师发展，体现为"智能 + 教育"在教师教育这个领域当中的一体化推进，比如华东师范大学在"智能 + 教师教育"的推进过程中，体现了职前和职后的一体化、环境到智慧研修的一体化。以职前教师教育为例，华东师范大学的人工智能助推教师教育发展可以概括为"线上线下、一平五端"的特点，从教师能力到教师研修再到实训实习等等，贯穿了整个教师教育的过程。

人工智能助推教师发展在点上的体现刚刚余教授也提到了，就是人工智能助推教师专业发展与人工智能赋能学生学习。两者在道理上是一样的，本质上都是试图用人工智能来促进个性化的、适合每一个个体需求的学习。学习领域常常用大规模因材施教来表达。大规模因材施教是利用人工智能技术来实现对学习者的精确诊断，再根据诊断的结果得出学习者发展的状态，从而根据发展的状态来提供适应性的学习内容、学习资源和学习路径，这个过

程是人工智能助力学习的基本逻辑。对教师发展来说，人工智能的助力作用在逻辑上也同样如此。不同的是教师发展所涉及的教师的能力框架与学生学习的知识能力框架相比，不那么明确清晰。所以，我们看到近年来有关人工智能助推教师发展的研究很大程度上正在试图建立教师能力与发展的框架，以及所对应的行为指标，以便在有了明确的框架和能力指标基础之上，为教师提供更为智能的诊断，为人工智能助推教师发展提供切实的保障。

主持人：各个试点单位到目前为止都做出了一些创新和尝试。我们先来了解一下蚌埠市目前的做法。

2019 年，蚌埠市率先行动，开展市级统筹的智慧学校建设项目，覆盖 6 区 3 县 875 所学校，6292 个班级，围绕着"智慧学校建设"及"因材施教提升"两大工程，坚持以人为本，深化信息技术在教育各领域的应用，并基于过程性数据构建学情画像，帮助学生个性化成长，促进教育高质量发展。

市县一体，上下联动，全方位推进智慧学校建设。第一步，成立市级领导小组、教育局专项领导小组及项目建设管理办公室。各县区政府负责统筹推进本区域智慧教育建设工作，明确各部门职责及分工，通过构建 1 市 3 县 6 区 "1+3+6" 的组织保障体系，确保项目建设顺利开展。第二步，成立蚌埠市江淮智慧教育研究院，联通专家与本地电教、教研、装备、校长、骨干教师等，进一步深化应用创新，促进教学改革，探索基于大数据的区域治理新模式。第三步，以研促用，积极推进"名师课堂"，提升教师数字素养，开展各类培训 1631 场，开展网络教研、网络研修、课程观摩等活动 862 场，并将智慧学校应用纳入"四赛"（赛上课、赛命题、赛解题、赛成绩），覆盖 2.4 万学科教师，其中乡村学科教师 10109 人。第四步，采取"四不两直"（不发通知、不打招呼、不听汇报、不用陪同接待、直奔基层、直插现场）的形式，积极推进智慧学校建设。

2020 年 11 月，国家统计局对蚌埠市智慧学校建设与应用情况满意度调查报告显示，在 1240 位受访者中，教育教学质量提升举措的满意度高达 92.01%。

主持人：段局长，请您谈一谈蚌埠市都做了哪些努力才收获了目前的这些成果？

段元丽：蚌埠市认真学习贯彻习近平总书记关于教育的重要论述和全国教育大会的精神，始终把推深做优智慧教育作为蚌埠市教育事业发展的一号工程。在安徽省教育厅和蚌埠市人民政府的大力支持下，我们在人工智能助推教师队伍建设试点上，主要从以下两个方面做了一些工作。

一方面，我们以数字化管理助力教师成长，构建了三级教师数字档案，探索了五环教师积分制度。围绕群体结构性优化和教师个人发展两大主题，我们尝试建立了市、区、校三级教师数字档案，初步构建了"教师大脑"。在此基础上，对教师基础工作量、教学业务、教学能力自我发展、教学业绩、特别嘉奖等五个环节进行赋分，实现了全景式的分析，让教师队伍建设、管理、培养等工作有数可看，有据可依。

另一方面，我们以智能化教学服务教师的专业能力提升。第一，充分发挥课堂主阵地的作用，鼓励各个学校探索凝练数据驱动的新型教学模式，并定期召开教学研讨会和教学观摩活动。以示范校的实践，赋能更多教师的教学成长。第二，打造智慧课堂的评价标准规范，构建智慧课堂教学评价指标体系，实现以评促教、以评促用、以评促建，提升教师的信息化素养。第三，打造专题课堂的智能帮扶模式，实现城乡优质教育资源的共建共享。我们在去年和新疆和田地区皮山县签订了教育质量提升帮扶结对协议。通过远程培训、教师结对等多种形式，助力城乡教育差异的有效弥合。第四，探索教师的教研联盟的新模式。我们借助长三角一体化的教育资源优势，与上海市徐汇区建立了教育信息化联盟，定期开展教研交流。先后和陕西省教育厅、重庆市教育局等50多家单位进行了深入的建设交流，实现了跨区域的协同发展。

二、人工智能助推教师发展的重点

主持人：当前阶段用人工智能来助推教师的队伍建设，我们的重点应该放在哪里？

余胜泉：人工智能助推教师队伍建设初期，我们在管理方面做的工作会多一些。但是要想真正从试点走向常态化，走进日常的教师教学，我认为更多的是要从管理的视角走向赋能的视角，要真正通过人工智能的技术为教师减轻负担，降低工作强度，提高工作效率。所以要真正实现人工智能从试点、示范走向常态化，一定要为教师赋能，为教师减负。一方面，让教师能够把一些重复的、简单的工作高效率地完成；另一方面，通过人工智能赋能解决原来教师想做但是做不到的事情，这才是人工智能助推教师队伍建设试点的努力方向。

这其中还涉及研究和应用的价值取向问题。专业性的应用要以人为本，能够为教师解决实际问题，比如智能备课应用，人工智能技术完全可以做到从"人找资源"变成"资源找人"，把优质资源主动推送给教师。这是一种以人为本赋能的视角，也是我们推进人工智能助推教师发展试点的思路，即真正从教师的视角出发，从人的视角出发，而不仅仅从管理的视角出发。

主持人：顾教授，您看到现阶段的我们工作的重点是什么？

顾小清：从人工智能帮助教师本身进行学习和专业发展这个角度来说，我看到的重点更多是怎样用人工智能对教师及其能力进行诊断。根据诊断结果，我们才能够为教师的专业能力发展提供相应的建议、相应的学习内容、相应的支持手段和措施。这是我看到的从教师专业能力发展的角度，在研究方面和技术的研发方面需要进一步去突破的，有了这个突破才能更好地助力教师的专业能力的提升。

主持人：段局长，现在试点已经进行了一年多的时间，现阶段的工作重点是什么？

段元丽：从具体的操作层面来看，我们的重点是智能工具的应用、智能研修和智能教育素养的提升。基于此，蚌埠市教育局联合一些高校和人工智能的企业，基于规模化的智能教育环境，在统筹之前的建设管理经验的基础上，在教师队伍建设方面形成了"一二三四"的模式，实现了数据驱动的精准式培育，全面赋能教师的专业化发展。

具体来说，我们构建了"一"个智慧研究书院，基于线上书院和线下基地"二"大服务场景，为线上线下的混合研究创设资源共享的机制和共同体组建机制，初步实现了一体化分层次的培训，有效解决了在传统教师培训过程中研究过程难记录、优质教育资源难分享、教师能力难评价等问题，切实帮助教师专业成长。

同时我们开展了"三"个助推计划，分别是 100 名"首席"教师的播种计划、1000 名"骨干"教师的孵化计划，以及面向"全员"教师的提升计划。通过专家引领、课题研究、实地考察、优质课比赛等形式，实现分层分类精准培养，推进城乡教师专业素养提升。

"四"是指我们正在落实四项助力行动，分别是"以赛促生""智慧课堂达人培训""示范校建设""'四赛'研修"等四项具有蚌埠特色的助力行动。我们坚持以问题为导向，挖掘一批教坛新星，培育一批教学能手和学科名师，让培育的成果在人工智能助推教师队伍建设的试点实验校、基地校、样板校落地生根。

三、人工智能助推教师发展面临的新挑战

主持人：人工智能助推教师发展对教师有什么要求？

余胜泉：对于教师来说，更难的是怎样把技术与学科教学、日常育人结合起来。教师要更多地关注如何把人工智能技术融入课程建设，如何把人工智能技术用在学生学习、协作和探究中，如何把人工智能技术用在日常的教学评价中，如何把人工智能技术用在班级管理或者对学生的个性化指导中。教师要结合学生日常教学、学生成长需求以及学习需求，按照教育教学规律来使用信息技术，而不是被技术裹挟。

现在很多一线的所谓人工智能，就是在强调适应性学习。其实人工智能不只用于简单的学习分析，而是代表着要按照教育教学规律来使用技术，让学生从被动接收信息变成主动运用信息技术加工知识、加工信息。应用技术

的前提一定是精心设计问题、设计资源、设计活动，让学生用信息技术去解决问题。

那么背后的观念是什么？是教育学的一些观念，也就是教师在使用人工智能技术的时候，一定不能被人工智能所"主宰"，而是要用它来赋能；要按照教师的教学思想、教学思路、教学理念，来恰如其分地使用人工智能等新一代的信息技术，我认为这就是教师应具备的核心能力，即技术与教育的整合能力。在教育技术专业领域，有一个整合技术的教学法模型（TPACK）。教师不仅要有好的学科知识、好的教学法知识，还要有好的技术知识，以及三者相互交叉在一起形成的整合技术的教学法知识。

此外，同样的技术放在不同的时机使用会产生截然不同的效果。教师最需要基于学习科学的理念和教育学的知识，恰如其分地选择使用技术。这也是难点，因为教育有不同的教学场景，它需要教师的创造力、教育学的知识在背后支撑，它有很强的灵活的情境性。所以人工智能助推教师队伍也是一样的道理，不能机械地套用，而是教师在技术提供的可能的可操作性的基础上来组合使用，结合教育学的思想、教育学的观点，灵活组合、灵活应用。

主持人： 恰如其分，听起来是四个字，但其实是一个很高的要求，也是现在的难点和迫切要解决的问题。顾教授，您认为现在对教师的要求是什么？我们要解决的难点问题有哪些？

顾小清： 我非常认同刚才余教授所提到的人工智能技术在教师角色转变和教学过程应用中发挥的作用。教师主动拥抱技术实际上包含非常丰富的内涵。就像刚才讨论时提到的，人工智能作用于教育领域与作用于其他领域最大的不同，就在于教育领域人工智能作用的对象是人。

这需要发挥人的能动性、创造性，来实现人机协同。对教师来说，一方面是主动地去认识、了解、熟悉、掌握智能技术，这是最基本的要求；另一方面是以对技术的掌握为基础，进一步主动求变，主动寻求专业能力的提升。实际上，"智能＋技术"给我们带来的不仅仅是通过技术加持对教师赋能，还有对整个教育教学赋能，甚至对教育带来革命性转变。这要求教师的专业能力要体现新的教学理念，体现人文性的技术赋能教育的作用。

四、人工智能助推教师发展的场景前瞻

主持人：最理想的状态是技术越来越成熟、完善，同时用技术的人也越来越成熟。段局长，蚌埠市近期的、远期的人工智能助推教师队伍建设的目标是什么？或者说您理想的未来场景是什么样的？

段元丽：我理想的未来场景就是要实现更高效的人工智能对教师的助力。在实际的操作过程中，我们主要面临两方面的问题。一是要用人工智能来解决教师在教育教学中面临的实际困难、实际问题。二是要以人工智能为依托，促进教师自身的发展。随着技术的进步和教育新基建的逐步完善，我认为这不再是难题，教师人工智能素养的提升将是教育工作变革和教师队伍发展的一个关键。在这个过程中，人工智能为教师赋能，不仅在于它能够替教师完成哪些工作，而且在于它能够更好地让教师反思自己的教学，能够让人工智能为自己的教学提供工具和方法，从而实现对教学认知的转化，这也是我认为教师专业发展的本质和核心。

主持人：教师们总希望学生越来越好。其实同样，教师也希望成为更好的自己，成为更好的教师，这是教师发展的要义。顾教授，对于未来人工智能助推教师发展，您期待的理想场景是什么？

顾小清：在一般的口语中，我们把教师形容为"教书的"，这是对教师传授知识这一职能根深蒂固的印象。在人工智能助力之下，知识的传授可以通过知识图谱、自适应、知识的媒体加工等方式进行，而且已经体现出了非常好的效果。假如我们把教师仅仅看作一个教书匠、一个传递知识的角色，实际上人工智能在一定程度上是可以代替教师来承担这部分工作的，所以未来教师的教学能力框架中应该不再仅仅是教书这一个重点。

假如我们用这个节目来类比教学过程，教师的角色可能更像是编导。他来设计整个节目的流程、设计提问、设计追问、设计怎样把参加节目的人真正调动起来。类似的，未来教师也应该发展出这种创新性的设计能力、促学能力、激发学生内在动力的能力。通过设计好的学习过程和激发问题的提出，引发学生深度思考，提升学生的高阶思维能力。概括来说，这些都是在人机协同中，机器没有办法胜任的。所以未来教师应该更多地发展这方面的能力。

主持人：余教授，您所期待的理想场景是怎样的？

余胜泉：其实从长远来看，教师知识讲授的职能会在相当程度上被人工智能所取代。但是教师的工作、教师这个角色是不可被取代的。教师的关键工作形态会发生改变，比如教师知识讲授工作的百分之四五十可能都会被人工智能所取代，但是教师与学生情感的交往、与学生的互动、促进学生社会性成长、对学生价值观的引导、基于学生身心健康发展的引导，这些都是不可被取代的。

我们现在的课堂组织形态会发生变化，未来可能有自主学习的形态，有教师课堂讲授的形态，有项目学习的形态，有在户外的、在社区里面的泛在学习的形态。未来在人工智能技术支持下，我们在了解学生的数据基础上，在了解学生的优点特长基础上，完全可以让学生在达到国家课程标准要求的前提下，实现学生因人而异的个性化发展。在网络空间、在学校的实体空间、在周边的社区或者科技馆、博物馆，都有多种多样的学习服务。在通过人工智能技术了解学生学习发展过程数据和建立认知能力模型的前提下，学生完全可以组合学校、社区，以及在线的各种学习服务，利用这些学习服务实现个性化的成长。

主持人：非常感谢三位嘉宾的分享，我们赞颂教师的时候经常说教师甘为人梯，助推学生的成长。我们希望，也相信未来在人工智能的助力之下，教师作为人梯的一些负担，即重复性的劳动所带来的，能够越来越轻。而在教师面前展现的是一个更大的世界，教师自己也在不断成长、发展。

扫一扫，观看访谈视频

数字化学习与评价创新

——访吴砥、蔡可

吴砥

　　华中师范大学教授，教育部教育信息化战略研究基地（华中）常务副主任，教育部智慧教育示范区创建项目专家组专家，教育部教育信息化专家组成员。主要研究方向为教育信息化发展战略与政策规划、教育信息化核心指标与绩效评估、师生数字素养监测与评估。先后主持国家自然科学基金面上项目、教育部哲学社会科学研究重大课题攻关项目等。论文《教育信息化指数构建及应用研究》荣获第六届全国教育科学研究优秀成果奖三等奖。

蔡可

　　首都师范大学教师教育学院教授、人工智能教育研究院常务副院长，教育部"基于教学改革、融合信息技术的新型教与学模式"实验区专家组秘书长。主要研究方向为教师教育、教育技术、语文课程教学。主持"首都教育远程互助工程"相关区域合作项目、教育部内蒙古自治区中部地区三科统编教材教师专项培训等多个项目。参与教育部统编教材编写、教师培训课程标准研制及"国培计划"政策文件起草，曾获国家高等教育成果奖一等奖、北京高等教育成果奖特等奖等。

一、数字化学习的内容和特点

主持人：我们今天谈两个话题，数字化学习和评价。先来说说数字化学习。蔡教授，现在数字化学习的发展已经到达了什么阶段？有哪些新的特点和挑战？

蔡可：我觉得数字化学习的提出，相对于传统的知识型的教学，最大的变化是教育教学观念的变化。大家也都知道，近几年教育部倡导的是基于学科核心素养的教学改革。而素养是学生在真实问题情境下，在解决问题过程中表现的综合品质或能力。所以数字化学习必然会涉及教学结构的变革，而信息化教学恰恰为这种教学结构的变革提供了非常好的发挥空间。

过去教师教学会习惯使用固定化的知识体系，不管是一篇课文，还是一个定律、一个定理，教师的作用就是把这样的内容有效地传递给学生。但是素养要考虑的是学生如何在做中学，如何用高阶的任务来驱动学生学习，如何开展以学习者为中心的教学变革。信息技术的引入为教学结构的变革提供了空间。例如，它首先可以反映在以融媒体的课程资源形式去丰富学生的认知，把一些抽象的思维过程可视化，当然这是信息技术最直接的应用。进一步，我们可以看到信息化可以引导教师把过去学生的"听"知识，转化为在混合式学习的背景下，做一件体现学科特点的事。教师可以通过信息化去前置任务。现在我们讲的翻转课堂实质上就是一种任务前置式的深度学习。我们可以通过信息化的手段，去建构完整的、情境化的学习体验。例如，通过对学生学习过程中的一些数据的采集、记录、分析，以评价促进学生的学习，以数据来驱动学生的个性化学习。这些都是数字化学习不同于传统教学的特点，它的本质是教学结构的革新，最终会引导教师在教学中落实立德树人的根本任务，去引导创新型人才的培养。

主持人：以高阶的任务驱动学习。实际上在我们的工作中，很多时候都是这样的，为了完成一个任务，了解需要哪些技能和知识之后，自己找资源去学习。如果说在学校的时候，学生已经养成了这样的习惯，这是最好的了。吴教授，您怎么看待今天数字化学习的内容和特点？

吴砥：数字化确实给学习带来了很大的变化。我想它的特点可以从学习的几个基础要素来看。首先，数字化改变了我们的学习环境，它可以提供一种更加智能化的、更加沉浸化的多维学习空间。比如，我们可以进行在线学习，没有数字化，这是完全不可想象的。其次，它改变了教学资源，它可以让学习资源变得更加灵活多态。现在我们已普遍使用了多媒体的资源，将来我们可能还会用三维的、虚拟现实的等更多资源。再次，学习的方法可以更加灵活，比如说我们可以提供线上线下混合的学习方式等等。这都是数字化给我们带来的便利。最后，数字化技术也会深刻地影响教学者和学习者。可能今后教学者会有自己的智能助教，而学习者也会有自己的智能学伴，这都可能成为今后数字化学习的新样态。

还有我们今天要讨论的主题，在教育评价创新方面，数字化可以使我们的评价更加精准，面向学习的过程提供更加多元的评价。

目前的学习评价面临很多改革的需求，需要数字化来进行支撑和赋能。比如说评价的内容，可能以往评价更多关注的是对现有的知识、技能的掌握情况。而今后我们会逐步偏向于注重知识、能力和素养并重的，强调综合性的、发展性的评价。比如说评价方式，在以往可能总结性评价是主要的，但是以后我们可能逐步转向过程性、伴随性的评价。所以就像《深化新时代教育评价改革总体方案》里所强调的，我们要推进结果评价、过程评价、增值评价、综合评价，增强改革的系统性、整体性、协同性。

另外在评价主体方面，就像刚才蔡教授所谈到的，不仅仅是单一主体，可能还涉及多元主体的评价，比如说教师评价、学生评价、家长评价等等。还有评价手段，现在我们的手段很多，有大数据、人工智能、区块链等。所以我们可以利用技术来赋能，实现很多以前我们想做但是做不了的事情。比如说，我们以前要做主观题的自动批改就很困难。但现在相关的技术已经逐步成熟了，这是数字化带给我们的能力，可以解决评价改革中需要解决的一些问题。

二、数字化技术应用于教育教学评价所面临的挑战

主持人： 把数字化技术应用到评价的过程中，是不是也会引发颠覆性的变革？您认为还有哪些挑战？

蔡可： 我们首先要考虑评价的目的是什么，评价和考试是不一样的。关键在于我们怎么去用评价的数据。过去我们更多的是把评价中的终结性数据当成分类、分层、分等的标准，但是人的全方位评价是不能这样截然去划分的，我们要考虑怎样发挥评价的诊断、激励、促进学习的作用。我们更要注意如何去评价学生的学习习惯和学习过程。基于这些，表现性评价、过程性评价也就成为我们在日常教学中非常重要的组成部分。

这就需要考虑怎么搜集数据、搜集什么样的数据。目前我们也看到很多信息化的教学产品会强调个性化学习，但是坦率地说，受制于传统观念，这些产品较多实现的是"刷题"等重复性训练。我们怎么引导这些教学产品从刷题转向问题解决，这就会涉及过程性数据的采集、诊断、运用等一些问题。

此外还有如何去丰富评价的主体。不一定是教师作为评价的主体，还有学生之间的互评、社区的评价等等。另外，现在教育部也比较重视作业改革，很多地方的教师创新性地设计了体验性的作业、项目式的作业。面对这种作业改革，评价又要搜集什么样的数据。我想这都是当下信息化和评价这个环节结合的时候，在评价的目标、内容、过程、方法、数据使用中需要考虑的一些问题。

主持人： 吴教授，您觉得数字化时代对我们的教育教学评价改革提出了什么样的需求？

吴砥： 我觉得有很多方面，因为评价是一个很复杂的系统工程，它也是千家万户关注的焦点。评价其实分为很多种，有评价教师的，有评价学校的，还有评价学生的。但是我们这里所说的评价，一般是指对学生的评价。对学生的评价也有很多新的需求，比如说随着社会的发展，我们对学生的评价既

涉及知识技能的掌握程度，也涉及关键能力、核心素养等综合表现。也就是说，评价目标、评价内容要慢慢地做一些转变，这是我们需要考虑的第一个方面。

第二个方面就是在评价的方式上，以往总结性评价是非常重要的，应该说是绝对重要的。但是随着观念的逐步改变以及技术的发展，我们也许可以推进一些其他的评价，比如结果评价、过程评价、增值评价，还有综合评价。

第三个方面就是评价手段。我们现在的评价手段非常强，可以借助大数据、人工智能、区块链等技术。我们国家数字化的能力也非常强，所以以往我们很难推进的一些评价方面的改革，现在慢慢地可以推进了，因为现在我们具备条件了。

三、教育教学评价改革在实践中的创新与发展

主持人： 接下来我们也来看一个样本，来看看在数字化的背景之下，江西南昌的教育教学评价有哪些创新的举措。

南昌普通高中学业水平考试机考，简称"学考机考"，从 2013 年高中历史学科起步，到 2017 年高中十一学科全覆盖，机考时间为 45 分钟，考试成绩以等级方式呈现。每年安排上半年和下半年两次，分别在 5 月和 12 月。考试流程紧凑，出题、制卷、编排组、考、改卷、测评、考务环环相扣。行政、教研、考试部门合力，充分发挥特级教师、名师骨干、科研人员作用，更新观念，遵循标准，加强题库建设，借助大数据云终端技术，数度开发并升级机考软件系统，科学融合人防加技防，学考机考实现了自动化、智能化、题库化、网络化，降低了成本，提高了效率，促进了教学，端正了考风，成为"智慧考试"。南昌机考的理论和实践，不仅交出了我国普通高中学业水平合格性考试改革的最佳答卷，还为全国普通高校招生选拔性考试的方式和媒介变革做出了坚实的奠基。

主持人：吴教授，这是南昌的创新举措当中的一部分。您怎么看待南昌的这些举措？

吴砥：我去南昌调研过几次。在大规模机考方面，南昌确实有一些具体的举措，应该已经探索八九年的时间了。考试评价改革在很多方面面临着很大的困难，所以真正开展起来，尤其是大规模常态化地开展，不是那么容易。南昌做了一些比较好的尝试，我觉得主要在以下几个方面。

第一是南昌在尝试的过程中，逐步从单一学科起步，再慢慢地拓展，也就是采用了小步尝试、逐步展开的方式。比如说他们选了历史学科，然后逐步拓展到化学、物理等等。现在，南昌所有的学科都已经实行这种信息化的考试。

第二是在试题设计的时候，围绕学科核心素养来设计试题，并且不断地更新，形成一个优质的题库。

第三，因为采用了大规模机考，所以在考试管理的时候会变得特别方便。比如可以非常方便地组织考试，进行数据确权，随机组卷，随机安排考场座位等等，这些可以利用数字化的优势来组织实施。

第四是在评价结果的运用上，南昌能够非常方便地进行数据挖掘，同时可以及时反馈。所以我觉得总体上这是一个比较典型的案例，值得做一些分析和参考。

主持人：蔡教授，您怎么看这些创新举措？

蔡可：就像刚才吴教授所讲到的那样，我们可以看到大规模机考的使用，一方面提升了教育教学管理的效益，让成本变低。另一方面减轻了教师的重复性劳动，让教师可以把更多的注意力聚焦在引导更有质量的学习方面。同时，我想它背后也有一个教育教学观念的转变。比如以前我们往往会根据考试成绩给学生贴上标签，但是这种标签不利于改进学生的学习。因为学生在这种考试评价中犯的错误表面上看一样，但是背后的原因可能不同，有的可能是概念没理解清楚，有的可能是粗心，有的可能是阅读能力出问题了。那么通过过程性评价，我们可以对学生在作业、考试过程中的表现进行具体分析，进而进行个性化的帮扶，这从某种程度上会大大提升学习的效能，同时也是对学生自信心的一种保障。

四、数字化学习与评价创新的经验分享

主持人：没有哪一个孩子是差生，只有他的某些方面、某些阶段的能力还有所欠缺。所以这也给我们提供了一种可能性，就是精准地找到孩子还需要帮助的地方，教师也能够有的放矢。包括南昌在内的智慧教育的示范区，其实还有很多的经验是可以复制推广的。吴教授您认为这些示范区有哪些经验是可以推广出去，给大家一些启示的？

吴砥：我觉得有一些示范区在具体探索方面确实已经取得了初步的成果。比如说我所在的武汉正在推进基于大数据的教育治理的区校一体化。以往我们在进行区域教育治理的时候，区域的教育管理平台跟学校的数字校园系统之间的打通是一个比较大的问题。武汉现在已经在推进区校一体化了，也就是说区域的教育管理平台跟学校的校务管理平台之间实现了无缝对接。这样就可以逐步实现数据的一体化治理，我觉得是一个很好的尝试。

另外，上海闵行区正在推进基于大数据的个性化教学。长沙在推进综合素质评价改革，采用了大范围的常态化数据采集来支撑综合素质评价。深圳在推进区域教育发展的整体水平监测。

我觉得还有一个地方值得一提，就是宁夏"互联网＋教育"的国家级示范区，也是目前仅有的一个国家级的"互联网＋教育"示范区。它的特点就是以一个省整体上接入一个平台，进行统一的建设运行和管理。这种方式是比较困难的，但是开展了以后，他们确实做到了比较好的常态化应用。

主持人：蔡教授，您在这些示范区、实验区里看到的哪些成果，觉得非常值得推广？

蔡可：刚才吴教授介绍的是智慧教育示范区的工作。我们首都师范大学人工智能教育研究院作为国家级信息化教学实验区的秘书处，正在推进实验区的工作。这些改革实验其实是异曲同工的，我认为都是指向以信息技术支撑学生高质量学习的教学改革实验。信息化教学实验区的全称是"基于教学改革、融合信息技术的新型教与学模式"实验区，所做的是技术精准赋能解决教学问题。

在开展信息化教学实验区这一两年的工作中，我们在各地调研中发现有几种类型的模式是可圈可点的。第一种类型是利用融媒体资源，做好线下辅助性教学。就像刚才吴教授讲到资源的形态发生了变化。这种资源有融媒体的，还有拍摄的课程资源。教师在有大屏的环境下调用这些资源，可以做好辅助教学。假如学情差一点，教师可以拓展，多讲一讲；假如学情好一点，学生一看就明白，那么教师所做的应该是引导学生利用资源去解决一个新问题。第二种类型是利用一些工具、软件、平台去推进互动式教学，借助一些产品推动生生互动、师生互动，更好地去创设以学习者为中心的教学模式。第三种类型是利用一些信息技术手段，围绕空间变革所做的翻转课堂、混合式学习。例如在一些地方的双师课堂模式，其实就是共享优质教育资源的一种很好的尝试。第四种类型是利用数据来推进学生的个性化学习，就是我们刚才讲到对学生的能力维度进行评测，进而推送个性化的学习支持方案。

当然这四种类型是我们从不同的教育教学场景上来说的。例如，第一种类型，中国绝大多数的教师都可以适用，因为现在大屏已经比较普及了，教师借助融媒体资源，打开大屏就能上课。第二种类型的互动式教学可能受制于产品。第三种类型的空间变革对教师的教育教学能力要求比较高。这些不同的教育教学场景也不是截然分开的，实际上是有一些融合的。我们在各地看到了很多的亮点。我们现在也在围绕这些不同的教学模式去搜集更多的案例，形成可复制、可推广、可应用的常态化教学模式，让实验的程度和效果能够惠及更多地区的更多学生。

主持人：技术驱动学习评价方式的创新，我们如何向技术部门提需求，让技术部门帮我们实现呢？

蔡可：我认为技术融合教育教学需要一些逆向的思维。所谓逆向的思维就是从教学问题出发，反向去思考技术能够提供什么样的支撑。它是以解决教育教学问题的适切性、精准性为判断标准的，而不是技术使用本身。否则，一味强调技术问题可能会导致教师工作负担的增加，甚至丧失对于改革的动力和信心。坦率地说，这样的现象也是存在的。所以技术赋能教育应该是双向赋能，一方面有技术对教育的赋能，另一方面也要反过来让教育为技术赋能。

主持人：理解您的意思。因为教师最能够知道学生现在需要什么，学校还需要什么。所以当有这样需求的时候，不妨向技术提出这个需求，可能这些是工程师们自己想象不出来的，这是您说的教育在赋能技术，是一个双向的良性互动。

蔡可：对。但是这里面也还存在着一个信息化教学领导力的问题，就是教学问题的搜集、梳理到底在什么层面上来做。我们也要避免那种头疼医头、脚疼医脚的琐碎问题，否则技术也很难去应对过于复杂的情境，要有专业的人来梳理典型问题。这个问题梳理在什么层面上来做？我认为在区级层面，还要有更多的师范大学，例如吴教授的团队应该参与进来，进行问题的整合、梳理、概括。

主持人：吴教授，您觉得在技术赋能教育变革的过程中，当前我们最想解决的问题是什么？有什么路径？

吴砥：目前有很多可以解决的问题。比如说我们今天谈到的主题之一——学习评价。实验操作怎么评价？实验需要学生进行实际的操作。在操作过程中，如果采用教师在旁边观摩打分的方法，那么实际组织起来太困难了。如果学生规模很大，我们就必须借助一些智能化的平台，进行实验过程的跟踪，为智能化的评价做参考。

再比如说学情分析与诊断方面。教师在进行教学干预的时候，希望知道学生目前的难点在哪里，有什么样的需求。由于我们的班额比较大，教师对于每一个学生个体的需求的把握不一定特别精准。这个时候就需要借助大数据和智能化技术，来帮助教师进行诊断，然后进行及时的学习干预。

五、数字化学习与评价的未来趋势

主持人： 个性化学习，因材施教，这是我们千年的教育理想。今天由于技术的加持，我们正在接近这个目标。蔡教授，您看到未来的改变趋势是什么？

蔡可： 课堂教学是教育质量提升的生命线，也是培养学生核心素养的主渠道、主阵地。下一步提升学校教育教学质量，要在课堂教学主阵地上打好攻坚战。

对于教育来说，它也有一些永恒不变的，我们要辨析哪些是变的，哪些是不变的。例如，教学的一些核心的环节，教学的目标、内容、方式、评价、教育教学的空间场景，这些要素它们不会发生变化，但是它们的内涵都在逐渐发生变化。在教学的目标上，如何从过去的知识内容本位转向基于学科核心素养的目标导向的教学？在教育教学的内容上，如何从过去的书本知识本位转向多样化的学习资源，从而引导学生在真实的情境中解决复杂问题？在教学的方式方法上，我们过去可能更多地会关注一些技能，例如教师的板书、教师提问的设计。但是在信息化背景下，我们更需要思考的是如何在线上线下一体化的学习环境中去引导学生多样化学习行为的发生？这就涉及教学活动设计能力的提升。在评价上，我们过去以纸笔测验为主，那么现在我们如何借助信息技术，在数字化学习环节中，做好信息技术加持的过程性评价、表现性评价呢？在教育教学的环境空间变革中，从过去的线下教室空间走向教室空间的升级，如何去支持把课堂内外打通的混合式学习？另外还有一个永恒不变的话题，就是师生关系的问题，这是很复杂的，如何在信息化环境下促进师生的情感联结？扣住这些关键问题，我想数字化学习之路就会走得越来越稳，越来越有品质。

主持人： 蔡教授讲了教育的变与不变，我们教育的初心、育人的初心是一定要坚持的。但是方式、路径可以随着技术的迭代而改进。吴教授，您看到未来的趋势是什么？

吴砥： 我对数字化学习总体的发展趋势还是会有一个很乐观的预期。因为数字化学习这种形态慢慢开始被大家所接受了。所以我觉得今后从宏观的层面来看，数字化学习可以逐步帮助解决教育领域的一些问题，比如促进更加公平的教育、更有质量的教育。如果从个体的学习者的视角来看，数字化可以逐步实现更加个性化的学习，更加沉浸式的学习场景，更加灵活的学习方式，还有更加常态化的线上线下结合的教育教学模式。这些都是今后逐步会成为现实的。

当然，我们的评价也会随之发生很多的改变。评价会更加精准、更加多元、更加智能等等。这些都是未来我们可以看到的数字化学习与评价可能会发生的一些典型的趋势。

扫一扫，观看访谈视频

数字化时代呼唤提升师生数字素养与技能

—— 访熊璋、樊磊

熊璋

对外经济贸易大学信息学院院长，北京航空航天大学教授、校学术委员会副主任，国家教材委员会科学学科专家委员会委员、教育部基础教育教学指导专业委员会技术教学指导专委会副主任、教育部义教信息科技课程标准专家组组长。曾获全国优秀教师、北京市教学名师、北京市师德标兵、国家级精品课负责人、北京市优秀教学团队带头人等称号，以及国家科技进步奖一等奖、国家级教学成果奖二等奖、霍英东青年教师奖二等奖、北京市科学技术奖等。在人民网、《中国教育报》等发表系列文章 40 余篇。

樊磊

首都师范大学教授，教育部普通高中课程标准（信息技术）专家组成员、义务教育信息科技课程标准专家组成员、高等职业院校信息技术课程标准专家组成员。人民教育出版社高中新课标信息技术教材（2019 版）总主编，现担任人民教育出版社中小学信息科技教材主编。

一、师生数字素养与技能提升的理论现状及其重要性

主持人：今天的话题是师生的数字素养与技能的提升。两位教授再给我们更明确地说一说数字素养的概念到底指什么吧？

熊璋：2017年年底，教育部公布的普通高中课程标准中，提出过信息素养。2022年4月，教育部公布的《义务教育信息科技课程标准》，提出了数字素养与技能。数字素养与技能强调四个维度，第一个是信息意识。包括对信息的敏感性，甄别信息真假的能力，合理利用信息以及正确利用信息的能力。第二个是计算思维。这是一种适合现在社会发展的思维模式。第三个是数字化学习与创新。这是说把创新和数字化结合起来。第四个是信息社会责任。在新的社会形态下，每一位教师、每一位同学、每一位青少年应该有什么样的信息社会责任观。

主持人：先有意识，然后有思维模式，再有技能，还要始终持有正确的责任观。请问从整体上看，现在的师生数字素养达到了一个什么样的水平？

樊磊：我国经过十几年的教育信息化发展，特别是在2017年高中课程标准公布以后，其在社会上已经取得了比较广泛的影响和共识，在教育领域也都得到了贯彻落实。截至目前，我认为总体上来看，一方面，我国的师生数字素养与技能水平达到了一个相当高的水准，但是因为长期以来存在的一些问题，在推进提升的过程中仍有困难。

另一方面，我认为我们提出的以素养为主的理念在国际上有一定的影响力。无论在理念还是在实践层面，我们都取得了相当大的进展。

主持人：提升教师和学生的数字素养的重要性很大，未来这些人就是未来社会的公民，在他们现在的整个学习过程、生活过程中培养其数字素养非常重要。熊教授，您怎么看这个重要性？

熊璋：数字素养与技能对于下一代来说非常重要，它其实要解决两个问题。第一个问题是学生对社会发展的适应力、胜任力、创造力。能否和时代

的发展同步、相辅相成，这是适应力；如果下一代能够胜任社会发展，这不仅代表他们适应社会的进步，还代表他们会回馈社会，并能做出更大的贡献；还有创造力，中国未来的三十年，创新是一个核心的抓手。第二个问题，不管下一代在未来从事什么行业，他们一定要在社会的发展过程中有从容感、幸福感、危机感、使命感。当下一代能够有适应力、胜任力、创造力，他们就可以奉献社会；当下一代能够在社会的发展中有从容感、幸福感、危机感、使命感，我们就有了好的建设者和接班人，中国就可以长治久安，持续发展。

主持人： 数字素养如此重要。这几年很多地方都很重视提升教师和学生的数字素养，也带来了很多让人惊喜的变化。

随着信息技术快速发展，基础教育环境也发生了深刻变革。天津市河西区始终把教育信息化发展与教育教学的深度融合作为推进智慧教育的重中之重，聚焦学生核心素养，构建数字化教育环境，探索开放、共享、个性、精准、高效的智慧教学模式，以信息化赋能教育学方式变革。

强化研训，增强应用能力，培育智慧型教师。教师是信息化教学的主要参与者和践行者，河西区教育局以提升教师信息技术应用能力和数字素养为重要抓手，分层次开展教师专业培训，推动教师主动适应信息化时代变革，有效运用信息技术开展教育教学，以专业化管理员领衔教师专业提升，面向区内中小学管理员分学段开展智慧教育在线学习平台专题培训，系统讲解学生、教师基础信息录入及智慧课堂操作方法，并结合不同应用场景进行实操演练，着力打造一支专业化的管理团队，以带动各学校信息化教学团队的建设与发展，加强校本培训，实现教师参训全覆盖。指导全区各中小学结合实际，制订教师培训计划，通过专家讲座、教学观摩、业务研讨等多种形式，组织开展教师全员培训、教学实践和应用研修，切实有效提升教师信息技术应用能力和数字素养。精心组织信息技术与教学融合创新交流展示活动，进一步搭建学校和教师教育信息化建设应用成果的交流平台，征集信息技术与课堂教学融合创新教学案例 65 个，学校信息化建设与应用案例 1 个，教育信息技术研究成果 21 项，其中 3 项入围全国教师教育教学信息化交流活动。

主持人：熊教授，整体来看，要提升数字素养应该从哪些方面入手？有什么经验可以跟大家分享？

熊璋：现在强调中小学教师要具备双核要素。不仅是信息科技的教师，所有学科的教师除了要有学科素养外，还要具备数字素养与技能。数字素养与技能的提升是国家教育数字化转型的一部分，实践中体现在教学内容、教学手段、教学治理这几个方面，而这几个方面的提升都依赖于教师的数字素养与技能和学生的数字素养与技能。

举个例子，我们已经有了很普及的线上线下相结合的综合教学模式。如何让线上的教学效果和线下的教学效果一样，甚至更好，这考验的就是任课教师、学生和学校管理者在教学活动中所具备的数字素养与技能。如果完全按照传统的线下教育模式，将其照搬到线上开展教学，教学效果就会大打折扣。

好的教师原来在课堂上眼睛一扫，和学生的眼神一交流，谁在听讲，谁没在听讲，谁听懂，谁没听懂，他一目了然，心里非常清楚。课堂挪到线上以后，师生的交流模式必须要更新、要提升。教师可以利用数字化的手段，把数字化科学与技术应用在师生交流上。因此，我们有了很多线上教学模式新的辅助技术，以让教师能够继续了解学生的学习情况。比如，通过情感学习、通过学生的眼神分析，教师能够很快了解学生是不是在听，听懂了没有，懂了多少，以及时调整、反馈和优化。提升线上教学效果的核心是师生的数字素养与技能。

二、发挥技术优势推进数字素养提升

主持人：无论是上物理课还是化学课，用了这些数字化手段，同样可以提升学生的数字素养和能力，是这样吗？

樊磊：是的。数字素养与技能可以从两个层面去看。一个是理念层面，即我们对数字素养与技能的潜力和价值的认识。我认为基础教育领域几乎所有的教师，包括教育管理者都会认识到它的重要性。另一个是实践层面，相较于把这种理念贯彻到教学实践过程中、线上线下组织教学活动中，以及对学生的互动做教学评价等各个环节里，还有一定的差距。比如，在中小学，管理者给教师做培训，强化其对信息数字化素养与技能的认识，这方面我认为基本到位了。但是从实践上讲，在实际的教学过程中，包括信息技术课程的实验教学中，教师单纯地过于聚焦技术层面，即使用某一项技术，而不去挖掘潜在的和其他学科教育教学融合的、能够把数字素养与技能的潜力发挥出来的东西，尤其是面对线上教学和线下教学的差异时，如何发挥技术的优势和潜力价值。我们要把理念落实到实践层面，要把技术潜力挖掘出来，价值充分利用起来。

主持人：首先是理念上要重视，同时在操作上要能够用得起来。比如在物理课、化学课，或其他课堂中，教师会讲到现在给大家演示的实验，在技术上是怎么实现的，这其实也是潜移默化的一个过程。您有没有这样的案例可以跟大家分享？

熊璋：我们可以充分利用信息科技的手段，把非常宏观的、细节的，甚至是非常有创造性的一些思想很巧妙地融入课堂中，使学生真正理解为什么它是先进的、是创新的，从而启发学生创新。

再比如，仅是听教师讲、去参观、去看了看榫卯结构，学生可能没有深刻的印象。但如果通过技术手段去模拟，甚至通过仿真、虚拟现实等方式让学生去体验，这样会让他们理解得更深刻，从而能够把这种对创新的理解用到其他场合。我想这样既宣扬了传统文化，同时又能吸取其中对未来发展有价值的东西，真正培养学生的创造能力。

三、提升师生数字素养与技能的路径

主持人：未来的课堂是可以越来越丰富的。我们可能讲这一件事情的时候，既讲到了传统文化，又讲到了技术手段是怎么样实现的，它是一个多元融合。比如，虚拟现实技术在课堂上融入数字素养的内容，我不知道您有什么建议，您觉得现在最难的点在哪？

熊璋：培养数字素养与技能，追求的是让每一位学习者能够把信息意识、计算思维、数字化学习与创新、信息社会责任内化成个人品质、个人动机。信息科技课程在义务教育阶段，信息技术课程在普通高中阶段都是数字素养与技能教育的抓手，但不是全部。我们说数据无处不在，人的信息意识就必须无处不在；我们说计算无处不在，人的计算思维就必须无处不在。上任何课程的时候，只要教师能够在课程结束前的三分钟、两分钟，哪怕一分钟的时间点出来我们今天讲的有哪些是信息意识，有哪些是计算思维，有哪些是数字化学习与创新，有哪些是信息社会责任，学生就会很快豁然开朗，原来这么多东西都在课上呈现了。我们可以让教师带着学生去体验，这可能要很长的时间和很复杂的设备。这些虚拟设备如何能够对应到实体社会、物理社会？这种物理社会到虚拟社会的转化是一种什么关系？其中靠的就是大数据、人工智能、现代数字技术的发展。

主持人：05后和10后从小生活在这样一个数字时代，所以技能提升对他们来说并不是什么太难的事情，重要的是这个技术怎么样善用，怎么样能够为我所用，以实现我的想法。您觉得对教师和学生来说还有什么要求？有什么样的实施路径来提升他们更大的数字素养的范畴？

熊璋：过去有相当一段时间，中小学信息技术教育过分强调操作，过分强调技能和编程，忽略了其中的科学元素和对人的素养的培育。贯彻素质教育就要从应试教育的模式转变为素质教育的模式。我们培养学生的目标应该定位为有利于国家的发展，有利于学生的未来，而不是局限于某一两项技能的培养。学生要学的技能很多，而素养、思想品质的提升是学生一辈子的任务，不是一两项技能可以取代的。

主持人：应试说有一道确定的题目和一个确定的答案让我去完成，但是未来学生人生的发展、国家的发展其实没有固定的题目，是要靠他们去创造、去想象的。所以理想的状态是学生熟练掌握了这项技能，然后他来想象我要做一件什么事情，我能用哪项技能。甚至如果这项技能没有，我可以去创造这项技能，让更多的人去研发技能。要达到这样的素养，这样的理想状态，我们现在还需要哪些路径，有哪些努力可以做？

樊磊：比如现在义务教育课程标准、信息科技课程标准，它们实际上对信息科技有四个方面的定位，第一个方面是技能技术，第二个方面是科学性。我们国家在整个技术的教育里，信息科技成为科学教育的一个组成部分。

第三个方面是安全教育。安全教育实际上是立德树人总目标在信息科技中实施的抓手。近几年由于技术和数据，以及整个社会信息化程度的提高，我们国家已经陆续出台了一系列关于技术、数据的政策法律法规，这些法律也是中小学生法律教育的一部分，但是这些法律的特点就是它们都与技术相关联，以保障把技术用到阵地，用到正确的方向。它实际上是对技术伦理和技术价值观的一种引导。其实信息科技不仅是为了让学生掌握技术，更重要的就是要把技术用到正确的地方，用到促进国家、社会和个人发展的过程中。

第四个方面就是引导创新。我们的义务教育信息科技课程标准都是在引导、利用技术手段来培养创新能力，推进创新实践与应用。义务教育信息科技课程标准对于未来国家创新人才培养是一个抓手，信息科技课程可以说是所有的中小学课程中在培养创新创造能力方面与时代接轨最密切的一个领域。数字素养与技能教育担负着培养学生的创新意识、创新发展基本能力的使命，它已经不简单是一门技术课程，它的目标和定位可能比以往更宽泛。我认为在培养学生数字素养的过程当中，技能只是其中的一部分，更重要的是我们要把技术向正确的方向和创新的方向去引导。

四、贯彻落实义务教育信息科技课程标准，提升师生数字素养与技能

主持人：提升师生数字素养与技能任重而道远，请问两位教授，我们短期该做些什么，更加长远该有什么规划？

熊璋：国家对提升全民数字素养与技能非常重视。现在中小学有了义务

教育信息科技课程标准，相当于对青少年开展数字素养与技能提升的教育有了抓手。由于义务教育阶段的标准是 2022 年才推出的，我们现在需要一支高素质的专业化的师资队伍去落实这个课程标准。如果教师没有足够的数字素养与技能，如何开展信息科技的教育？

我国幅员辽阔，各地区师资队伍、师资力量、师资水平的发展不平衡。所以，当务之急是要保证全国青少年的教育公平，不能让任何一个青少年掉队。不管学生身处发达地区还是欠发达地区都应该接受到同等的教育。信息科学技术是保证教育公平的一个非常有力的工具。

樊磊：第一，要把贯彻实施课程标准作为一个抓手。课程标准正式提出把数字素养与技能作为课程的目标，在这个背景下，课程标准在中小学的逐步贯彻实施一定会带动提升中小学教师的素养和技能，同时通过课程带动全体学生数字技能的逐渐发展和提升。

第二，不仅是信息技术教师，所有学科的教师在观念上重视的同时，还要落实在实践层面上。由于各种原因，教师们可能采取的还是老方法，不愿意用新的技术手段、新的方式。其实磨刀不误砍柴工，当今信息科技已经成为推动科学发展的关键力量，其他学科自身以及人才培养也要顺应技术的发展。我们不能再像以往那样，把技术仅仅看成一种工具、一种辅助手段，而是要把它看成产生新动力、新创造力的源泉。教育管理者与教育从业者要从实践中着手，不但要在理念上跟上，更要在实践层面上大胆尝试、大胆推进。

我相信信息科技是所有传统学科的催化剂，而不是竞争对手。最近几年，信息科技、人工智能技术在传统科学中已经发起了非常严峻的挑战，比如，传统上认为人的思维最高水平是数学研究，如今人工智能技术已经在数学研究中占有一席之地。数字素养、计算思维一定是从小培养起来、发展起来的，要利用中小学学生创造能力最旺盛的时候把创新思维培养起来。

主持人：对于数字素养与技能来说，每一位教师和学生都不仅是单纯的使用者，而是其中的参与者，甚至是其中的创新者。

扫一扫，观看访谈视频

深化网络学习空间创新应用
助推教育教学变革

——访王珠珠、郭炯

研究员，华中师范大学国家数字化学习工程技术研究中心特聘教授，教育部智慧教育示范区创建项目专家组专家，曾任原中央电化教育馆馆长、党委书记。研究领域为基础教育信息化和远程教育。先后主持国家及教育部重点研究课题多项，参与组织了国家远程教育和教育信息化的多个重大项目规划与实施，发表论文数十篇，出版《远程教育项目管理理论与实践》等专著。

王珠珠

西北师范大学教授、教育技术学院院长，教育部教育信息化战略研究基地（西北）常务副主任，教育部智慧教育示范区创建项目专家组专家，《电化教育研究》常务副主编。近几年在 CSSCI、EI 检索期刊、国际会议发表论文 50 余篇，出版专著 6 部，主持并参与国家社科基金重大项目、全国教育科学规划项目、教育部人文社科项目、教育部－中国移动项目等 20 余项，多个研究报告被省、市教育主管部门作为智库成果采纳。

郭炯

一、网络学习空间的概念及应用现状

主持人：今天大家想要学习什么东西的时候，基本上都可以在网上找到相应的课程和资源。两位教授是否可以概括地说一说，网络学习空间是什么？其应用现状怎么样？

王珠珠：网络学习空间被定义为一种线上的学习场所，它实际上是和物理学习场所相互联系、相互支持、相互补充、相互增强的一种学习场所。和我们一般意义上说的网络空间不一样的是，它是实名制的。这个实名制就代表着网络学习空间是学生的网上书桌，是教师的网上备课室，也是学校的网上乐园。

郭炯：网络学习空间是一个师生教学和学习的虚拟场所，内部提供了丰富的资源及学科的工具、系统平台。它在变革教学模式、重塑评价方式等方面发挥着重要的作用。可以说网络学习空间是我国在推进教育信息化过程中的一大特色和亮点。

主持人：郭教授，您平时也做了大量的调研，是不是有很多网络学习空间应用的案例可以分享一下？

郭炯：网络学习空间的应用在不断推动教育信息化的升级转型，也在逐渐适应教育现代化发展的要求。网络学习空间发展十年以来，我们可以感受到空间发挥的作用在不断地发生变化。2012 年，教育部等九部门发布《关于加快推进教育信息化当前几项重点工作的通知》，对"三通两平台"等重点工作进行了部署，特别强调网络学习空间要"促进数字教育资源共建、共享"，于是就有了"一师一优课""一课一名师"等活动。通过几年的努力，我们也产生了大量的优秀课例。今天我们国家智慧教育公共服务平台里面的一些优质资源，也是在当时的共建、共享活动中产生的。

随着技术的发展以及师生诉求的多样化，2014 年，教育教学变革对网络学习空间提出了更多的应用需求，于是就有了教师空间、学生空间、班级空间等一些角色空间和机构空间，可以说，网络学习空间在功能上更加贴近了为不同角色开展典型活动的需求。比如，现在的一些空间中，教师空间支持教师的教学管理、学情分析和网络教研，学生空间支持学生的学习管理和成长记录。到 2016 年左右，大数据分析技术进入了各行各业，当然也进入了教育领域，要利用空间伴随性地采集教师学生应用过程中所产生的数据被提出来，继而基于这些数据对教师的教学、学生的学习进行诊断和评价。比较有代表性的是，长沙利用网络学习空间进行学生综合素质评价，凸显过程性评价所发挥的作用。

随着人工智能、虚拟现实等新兴技术的发展，2018 年我们对网络学习空间的应用目标定位在重构教学环境、优化资源共享、变革教学模式、重塑评价方式等方面。如今我们更加关注空间应用所发挥的数据作用，及其提供的精准化、个性化的服务。我们看到一些空间逐渐开始提供资源的智能推送服务，从"人找资源"转换为"资源找人"，使教师能更方便地获取资源，并且利用这些数据对学生的学习进行诊断分析和个性化指导。我认为在不同发展阶段，网络学习空间发挥着不同的作用。

二、网络学习空间应用带来的变化

主持人：您认为随着网络学习空间的应用，教师的教和学生的学发生了哪些变化？

王珠珠：我觉得对于学生和教师而言，有了新的书桌和新的备课室。这种新的网络学习空间和旧的物理空间既相互联系，又有不同之处，网络学习空间的推广给教师和学生带来了新的学习渠道。这种新的学习渠道有以下三个特点。

第一是相互学习。我认为在空间应用过程中一个很重要的模式是校本教师自己建立起自己的学习场域。我关注到了甘肃临泽，临泽县是国家智慧教育公共服务平台的第一批试点地区，现在临泽有了当地学校教师建立的读书社区，他们读的书和他们的工作、当地的文化需求、教育教学任务是紧密相连的。这个社区里，学校的教师虽然只有几十个，但是社区的活动能达到六十多次，并且是持续不断的，有三千多人次的教师在这个社区里共享资源。这就实现了学校与学校之间、不同学科的教师之间资源的共享。

第二是这个学习场所在教与学中的应用特别多。教师可以通过这种学习渠道去选择资源，或者获得推送的资源。在这个过程中，资源通过网络、大屏幕、一体机带到教室里。

第三是利用空间做智能推送、智能分析。如何通过空间的伴随性数据增强教师培训和教育教学评价？以前靠调查、靠测评软件，现在基于伴随性数据的采集与支持，以更好地、更低成本地、更高效率地推进教师数字素养提升。在网络学习空间刚开始应用的时候，我们提出了教师先用，实际上在教研的过程中，教师会把教研的体会带到教学中。

郭炯：这些年，我们一直在开展网络学习空间建设和应用的调研，从国家、省市到县区和学校，都对基于空间的资源共享给予了高度的重视。空间一直被称为，或者说一直被认为是获取各级各类公益性优质资源的主渠道，它可以改变原有的教研方式、教学模式，让很多创新应用成为可能。

通过调研我们发现，网络学习空间在促进优质教育资源共享方面有两个主要表现。第一个是数字教育资源的共享，这个主要是汇聚前期已经开发的或设计制作好的数字素材类资源、在线课程以及一些学科教学工具。形式多样的资源能够很好地支持教师根据自身的教学需要、教学风格来进行恰当的选择，支持优化课堂教学，或者进行教育教学创新。第二个是我们在空间应用过程中特别期待看到的和应用非常广泛的资源共享，它能够促进鲜活的、灵动的资源共享，是生成性的资源共享。它主要依托空间的社区推进。比如刚才王教授也谈到的甘肃临泽的案例，在教师空间的社区中，他们可以围绕同步课堂进行备课；在学生的社区中，比如在书法、恐龙、航模等主题社区中，学生可以进行讨论交流、展示与相互评价。这是分享的过程，也是生成性资源产生的过程。很多教师都会在自己的空间中分享大量资源，在空间里教师通过互相关注来相互学习。这很好地体现了资源的众筹、众创、汇聚的思想。

王珠珠：我认为还有两个教育理论上的支撑和突破。第一个是元认知，就是自己去比较别人怎么看这件事，形成元认知是一个非常珍贵的学习方式。在网络学习空间中，教师可以看到更多不同文化、不同年龄、不同经验的教师和学生的分享，他就会以这些资源作为自己的学习资源，这是非常宝贵的。第二个是因材施教。当学生和教师自己有学习兴趣、学习需求的时候，他们能够自觉地在网上找合适的方法、资源、路径、支架，这就是非常好的学习变革。

三、网络学习空间发展的阶段及特征

主持人：听完两位教授的描述，大家可能也对网络学习空间有了一个更新的认识，它始终是开放的、灵动的、鲜活的。2022 年 3 月 28 日，国家智慧教育公共服务平台正式上线，这是网络学习空间的一个新里程碑、新节点。请王教授谈一谈网络学习空间都经历了哪几个阶段？分别有什么样的特征？

王珠珠：网络空间和个人实名制的机制结合起来，这是中国信息化的特色和创新。它起步于 2012 年，第一阶段推进极其艰难，只有一些试验区在逐步摸索。当时大家不知道什么是空间，什么是实名制的个人空间。教育部出台指导性文件去推动网络学习空间应用，可见其中的创新性和难度。到 2018 年，我国开始推进教育信息化 2.0，有百分之六七十的师生进入网络空间，数字资源逐步增多，网络学习空间对个人知识的收集、整理、存储和展现就显得非常重要，这时有一个激增阶段，大家逐步接受网络空间。如今，创新的沃土已经形成，前景可观，所以我非常期待网络学习空间持续创新。

主持人：从艰难的起步到今天的落地生根，郭教授有什么感触呢？

郭炯：网络学习空间从刚开始仅用于知识的存储和共享，到发展成为知识生成及智力的共享，再逐渐向后期拓展至面向个性化定制性的教学需求以支撑师生教学活动。我们在逐步借助智能技术，利用学习空间去服务个性化学习，这是创新，也是起步。我认为未来空间还有很多值得期待的地方。

四、教育数字化转型发展迅猛，势头强劲，震撼人心

主持人：王教授，国家智慧教育公共服务平台上线到现在也有半年时间了，您看到这半年以来发生了什么样的变化？

王珠珠：随着我们国家"数字中国"战略的提出和智慧社会的发展，教育领域的变化势头强劲，我认为有几个重要的变化。

第一个变化是教与学场景的变化。物理世界、网络世界和人际关系的世界结合在一起，广泛的资源进入课堂。这个场景是开放的，在这个场景下开展因材施教不仅是教师和学校给学生提供资源，当学生有需求时自己也可以去寻找资源。甚至未来在技术的加持下，资源可以主动推送给学生，这将引发学习多样性的生态非常大的变化。

第二个是在持续推进教育信息化的过程中有了改革的新动力。我想举两个例子，一个是上海，上海是转型比较早的先行区，上海市教委在这么多年推进信息化的过程中面临着系统众多、数据庞杂的问题，每所学校都改进得很好，但发挥不好整体效益。我看到上海借助数字化转型和智慧教育的契机，正在破冰优质资源大规模共享的问题。

另一个是宁夏，宁夏在推进"互联网＋教育"示范区中有一个重要举措：建立整个自治区的平台。在信息化综合测评工作中，宁夏从 2017 年的全国排名第十几位跃升到了现在的全国第六位，不仅是信息化的综合指标在上升，宁夏的整个教育水平也在发生变化，主要指标都在全国平均水平之上。我们期待这样的变化在全国每一所学校、每一位教师和学生身上发生。

主持人：国家智慧教育公共服务平台分为四个部分，中小学的、大学的、职业教育的，还有就业的平台，郭教授是不是可以谈一谈这几个平台带来的变化？

郭炯：国家智慧教育公共服务平台是我国实施教育数字化战略行动的一

个重要抓手，可以说在教育资源的建设上取得了很大突破，不同板块的内容也为各级各类学校的师生带来了很多便利，而且平台的功能也越来越丰富。无论是针对中小学、高校还是职业院校，都能够支持"停课不停学"；对于欠发达地区薄弱学校过去面临的开不出、开不全、开不好课的问题，国家智慧教育公共服务平台的资源也能够很好地提供支撑，还可以支持"双减"落地。在推进"双减"落地的过程中，很多学校是有困惑的，有的缺少师资，有的缺少资源，国家智慧教育公共服务平台中很多模块的资源都可以支持课后服务和答疑辅导，还有很多家庭教育资源帮助进行家校共育。我们在过去的平台中很少看到虚拟场馆学习，像这样的应用场景也可以支撑教育教学。我前期在乡村调研的时候看到一所学校利用这样的平台让教师来设计学习活动，让学生去游历中国的科技馆，让他们带着任务和问题去学习，这很好地扩展了学生们的视野。我觉得这些场景都是在服务于"双减"及教育公平等教育改革中特别关注的问题。这是面向基础教育的应用，对于高等教育和职业教育也是如此。国家智慧教育公共服务平台汇聚了大量的慕课资源，支持高校教师在教学过程中开展在线教学，支持学生自主学习，开展混合式教学。还有一个是大学生就业服务平台，这个平台对于拓展就业，拓宽学生的就业视野也发挥了很好的作用。

五、网络学习空间应用面临的新挑战

主持人：您看到目前的网络学习空间面临哪些问题，我们能够怎么样解决？

王珠珠：我认为总体还有三个问题。第一个问题是应用的普及和深化。2021 年年底的数据统计显示，网络学习空间的学生用户是 1.2 亿人，教师用户是 1000 多万人，但有一部分师生没有进入空间，还有一部分师生进入空间后遇到了一些问题。比如最近，西部地区有一个校长说想给每一位教师建一个空间，但是不知道应该怎么做，他所在的省没有自己的空间平台。第二个例子，我在和东部一个县里的幼儿园教师交流时，听他们说有好多教学资源没地方存，有的教师说发了别人也没办法看。我说你们可以用网络学习空间，他们说我们有空间，但不知道怎么用。所以我觉得在普及应用、宣传网络学习空间方面还需要花很大力量。第二个问题是智能化。第三个问题是成本。信息化在一定程度上会增加教育的成本，因此在推进教育信息化和智慧教育的过程中要重新核算教育成本，做好政策设计和资金安排，才能实现教育的可持续发展。

主持人：郭教授，第二个问题——智能化，您再谈一谈。

郭炯：智能化的确是网络学习空间未来的发展方向。经过了几个阶段的发展后，现在主要是借助智能技术、大数据分析技术等去提升空间的智能化水平。在这个过程中，最核心的是关注数据的价值，因为空间能记录学生和教师在应用过程中产生的数据，挖掘这些数据的价值，通过数据分析能够发现学生的学习偏好甚至是学习短板，继而可以通过人机协同的方式给师生提供更好的教学服务或者交互服务，让学生更好地融入学习的过程中。

我们经常说，学习要日日清、堂堂清，这个"清"的依据是什么呢？现在基于这种数据分析，我们就能够发现问题在哪里，能够利用空间相应的服务去帮助学生破解学习过程中遇到的问题，进而实现日日清、堂堂清。"清"了之后，学生在进一步学习的过程中的困惑就少了。我经常说有的学生越来越跟不上学习，这是因为他的遗留问题太多，而网络学习空间如果能够在学习的后期很好地发挥这样的作用，我想可能每一位学生在个性化成长的过程中都不再有更多问题遗留，学习就能够跟上步调。

另外，我们对底层的，比如资源汇聚的方式也要做一些调整。现在资源汇聚都是基于课标、基于不同学段、基于不同课程来进行的，以及基于知识图谱或者能力图谱来进行，这就使得资源能够快速地被查找，并且能够实现基于每一位学习者特征的个性化资源推送。我想这些都是数据分析技术以及智能技术在网络学习空间能够发挥作用的地方，也是广大师生特别期待的。

最后，我们需要有统一的数据标准和应用服务规范去汇聚现有的系统、平台、资源数据。整合之后借助数据分析模型来提供智能化、个性化的服务，我想这能够进一步提高空间的服务质量，也能够让空间在更大范围内去发挥作用。

王珠珠：企业叫数据资产，数据积累以后将来才会升值。对于教育来说就有更大价值用于人才培养、用于社会服务。所以从这个角度来讲，我认为空间本身也是一个平台，每个人的空间都是一个小平台，平台的功能不能完全局限在平台上，而应该通过多方的共建，按师生需要的资源和应用，使其具备更系统化、更个性化的选择功能，这就涉及网络学习空间生态建设问题。我们希望能有更多企业开发不同类型的功能，让教师和学生去选择，这是一个很好的机制。

主持人：非常高兴在网络学习空间建设十年的这个时间节点采访两位教授。今天站在国家智慧教育公共服务平台这样一个更大的平台上，希望今后我们每一位学习者的空间都是高效、精准、个性且智慧的。

扫一扫，观看访谈视频

加强智慧学习环境建设和应用
构建教育教学新样态

——访武法提、周跃良、杨俊达

北京师范大学教授，教育学部教育技术学院院长。数字学习与教育公共服务教育部工程研究中心主任。主要研究领域为智能学习系统设计与开发、教育大数据及学习分析、智慧学习环境设计理论，始终坚持"将教育技术转化为生产力"，强调从教育技术的视角分析教育问题，用教育技术的方法解决教育问题。主持 20 余项国家级及省部级研究课题，代表著作有《目标导向的网络课程设计（修订版）》《网络教育应用（第二版）》《网络教学策略》等。

武法提

浙江师范大学教授，教师教育学院、教育与人类发展学院院长。兼任浙江师范大学智慧教育研究院院长，浙江省智能教育技术与应用重点实验室主任。主要从事教师教育、智慧教育方面的研究和实践，已出版和发表论著近百篇（部），主持国家级精品资源共享课程《现代远程教育》《中学实习与见习》，参与并获得国家级教学成果奖 2 项。

周跃良

江苏省常熟市教育局局长、市政府教育督导室主任。

杨俊达

一、智慧学习环境的概念与特点

主持人：请武教授和周教授先来跟我们说说智慧学习环境的概念。

武法提：智慧学习环境实际上是技术赋能教育的价值体现。技术赋能教育最根本的就是要为学习者创设一个有效的学习环境，以支持其取得发展、达成目标。学习环境是支持学习者学习活动开展过程中赖以持续的条件和外部支撑体系。所以智慧学习环境是能够记录学习者的学习过程，感知当时的学习场景，对学生学习进行评价，并且给出干预的一个学习的智能条件体系。

智慧学习环境具备以下两个特点：第一，它能够感知场景，能够感知学习者或教师所处的学习和教学的场景；第二，它能够记录学习过程中的过程性数据，并且对这些数据做分析。这是智慧学习环境具备的主要特点。

周跃良：实际上智慧学习环境出现的一个前提条件就是信息技术的应用。早期的信息技术主要是应用于信息呈现，后来的信息技术开始具备交流或者交互的功能，现在智能技术的应用使得信息技术能够产生感知、记录、分析学习数据等方面的作用。数据形成、分析之后，关键点就变为所得到的结果能否用于支撑教学决策及给学习者提供关于学习路径的各种建议。如果能够实现这两个目标，我认为不管用什么样的技术达到这样的目的，这就可以被认为是一种智慧学习环境。

二、智慧学习环境的建设和应用的现状

主持人：整体来看，现在智慧学习环境的建设和应用情况怎么样？主要的建设与应用思路有哪些？

武法提：自 2019 年 5 月教育部公布了第一批智慧教育示范区以来，智慧教育进展非常快。作为教育信息化 2.0 行动的重要组成部分，智慧教育示范区在智能教育技术推进教育应用方面做出了重要探索。

智慧学习环境建设与应用实践总体上遵循着需求驱动、应用为王、服务至上的总指导方针。在建设上遵循上下联动，分层推进的理念：在区域层面，像北京东城区、上海闵行区等很多区域，首先建设了"一网络、一中心、一平台"，"一网络"就是一个云、网、端、边融合的，有时候加进 5G+ 的一个区域教育信息化网络；"一平台"就是打造一个能够支撑各教育主体来应用的一体化的教育信息化平台；"一中心"就是能够完成数据的采集、清洗、分析和应用的相当于"教育大脑"的数据中心。在学校层面，开展智慧校园的建设。智慧校园建设主要是支持各教育主体的应用，包括教、学、管、评、测、研、服七个方面的教育应用，有的还有资源建设、家校互动等。应用实践中不同学校间各有侧重、各有特色，根据自己的优势形成突破。

周跃良：近几年智能技术的广泛应用对于整个教育生态的改变有几个方面的影响。第一方面是浙江正在推进的数据治理或者智能治理方面，它从政府和区域管理的角度来推进智慧学习环境的建设。第二个方面主要是在学校场景当中应用智能技术来解决教学问题，特别是学生的评价、教师的评价等等在过去难以推进的工作。在这方面，我们可以看到各地都在做的一项非常重要的工作就是对学生学习过程的评价。关于认知层面的评价的应用已经相当成熟，而对非认知的、学生身上表现出来的因素和教师的一些非认知的因素的记录、分析和使用，可能并没有给予很好的重视。

主持人：杨局长，您怎么描述现在常熟市的智慧学习环境的建设情况？

杨俊达：近年来，常熟市教育局始终坚持以立德树人为根本任务，以信息技术、教育教学的深度融合为工作重点，充分利用云计算、大数据、物联网等新一代信息技术，智能化部署教育的新型基础设施，不断夯实信息化数字底座，积极构建网络化、数字化、个性化、泛在化的智慧学习环境，努力为提升区域教育教学质量赋能。

三、建设智慧学习环境的关键技术

主持人：建设智慧学习环境需要的关键技术主要有哪些？

武法提：智慧学习环境的建设与应用离不开新一代信息技术的应用，新一代信息技术，比如5G、云计算、大数据技术、人工智能技术、区块链技术已经广泛应用在智慧教育中。在实际应用的时候，我认为有三项技术特别重要。

第一是数据的伴随式采集技术，在智慧学习环境建设中要进行智能的感知及数据的伴随式采集。数据的伴随式采集就是采用无侵入的采集，让我们获取有用的、全息的、过程性的学生数据，用于学生个性化发展的分析。

第二是基于教育大数据的学习分析技术。学习分析技术是支撑实现精准教学和学生个性化学习的一项技术，通过我们所设计的各种教育模型诊断学生的问题，发现学生的优势，然后对教师的教学进行分析，据此来进行教学改进，所以学习分析技术也是智慧教育研究中非常重要的一项技术。

第三是有意义的或者说有价值的数据计算技术。这就涉及如何去获取有价值的数据，如何对数据降维，并且符合教育模型，通过有价值的数据计算，支撑教、学、管、评、测、研、服各个方面。

主持人：首先是伴随式的采集，然后合并同类项，最后进行有价值的分析，这些技术是环环相扣的。周教授，您怎么看现在的这些关键技术？

周跃良：关键的问题是教育中应用的技术跟一般通用技术有着一些非常大的差异，这种差异来源于我们对教育过程中意义的获取。经济领域中意义的获取非常简单，比如价格多少，这个很容易获得。但是在教育当中不是这样，要给学生提供什么样的意义和价值，除了刚才提到的一些技术层面的因素以外，可能还要考虑如何对伴随式采集的数据进行语义理解和分析。

现在经常讲到的多模态数据的理解和分析技术可能是未来智能学习环境的一个关键点，其难度非常大。我们实验室目前所做的大部分工作都着眼于这个方面，此外，像增强现实等新技术也可能会应用到智慧学习环境中。我们获取的信息有视觉信息、听觉信息、触觉信息等等，这些信息如何能够转换成系统能够理解的且能够很好应用于学习和教学过程的技术，对未来的智能学习环境非常关键。

主持人：教育有它的特殊性，通用技术不是一拿到教育领域来就可以用，还要做一些适应性的改进。怎么来进行改进，怎么样来适应教育教学的环境？

武法提：我认为在智慧教育推进的过程中，数据安全问题非常重要，特别是学生的个人隐私保护。我们发现了一个很重要的问题，就是早期没有相应的规范和标准，不清楚应该采集什么数据，怎么使用这些数据。现在教育部正在制定相关的规范和标准，我们相信在未来的智慧教育推进过程中，对学生个人隐私的保护和数据的保护会做得非常好。

四、案例：重庆两江新区行远小学

主持人：有了这些改变之后，现在智慧教育环境的建设给学校、教师、学生带来了什么样的变化呢？让我们到重庆两江新区行远小学去看一看。

重庆两江新区行远小学一直致力于家、校、社三空间融合的智慧教育。四年的探索，学校踏上了内涵式发展和高效能运转的快轨，形成了五智育人的智慧生态和良性循环。两年前，以轻设备、重应用为导向，行远小学轻装上阵，建成了定制化的五智云平台。每天，行远人一键进入云上行远，学生们在这里智学慧玩，教师们在这里智研修远，家长们在这里智陪共进，还有学校的智理、社会的智联，基本实现全员、全要素、全流程、全领域的伴随式记载。学校还建成校园银行，学生的行为变成了教师和家长看得见的数据，及时反馈、导引激励、智学评价——实现，形成了属于每名学生的成长档案。

五智云平台驱动着教师在玩转用活上下功夫，师生乃至家长的数字素养得以提升，更推动着数字化意识、数字化思维和数字化能力的快速生长。五智云平台更让小而精致的行远小学逐步进阶，生长成为更高效、更协同、更开放、更轻量、更自主、更具弹性的敏捷型组织。

主持人：武教授对行远小学的情况比较熟悉，达到今天的发展，学校经历了怎样的过程？

武法提：行远小学是重庆两江新区 15 所智慧教育试点校之一，也是一所新办学校，招生时间只有三年左右。学校建立之初，邹贤莲校长就非常重视学校的教育信息化建设，重视通过信息化手段来提升教育教学的质量。比如，开设了直播课堂，建立了多间独立的直播教室，以及发挥优秀师资的作用进行直播授课，取得了非常好的效果。

另外，重庆两江新区也非常重视智慧教育发展，重视应用效果，有很多学校积累了很好的经验。在实践中，星辰学校以个性化作业为抓手来实现精准教学；星光学校基于虚拟现实技术做了虚拟实验室，基于学习空间进行教学；星湖学校通过教师画像对教师进行过程性评价，都非常有特色。

主持人：武教授，请您为我们介绍一下智慧学习环境建设与应用对教育主体提出了哪些新的要求？

武法提：首先是教育主体要进行理念的升级转变。智慧教育的根本目的是以技术赋能教育，五育并举，培养智慧的人，实现学生的全面发展。教师应遵循"以学习者为中心"的理念，尊重学生的主体性，注重学生素养与能力的个性化发展；学生也应充分借助智慧学习环境建构个人知识网络，实现个人能力发展。

同时，在智慧学习环境中，信息技术是突破教育教学难题的有效工具，因此教育主体也需提升信息化素养以适应智能时代的要求。教师应能常态化地甄别、选择和运用信息技术融合学科教学、提升教学的效果、效率；学生则需熟练应用环境中的各类技术或资源满足个人的学习需求，实现个性化学习。

此外，智慧学习环境最突出的特征便是"数据驱动"，各教育主体应具备准确分析、使用数据的数据素养。例如教师能基于学情数据判断薄弱知识点，从而调整教学方案，并准确分析每名学生的优劣势等个性化特点，为其提供个性化的学习支持；管理者则可根据管理数据判断教育环境、资源、应用的建设问题，为师生提供更优质、更精准的教育服务。

五、常熟智慧校园建设与应用情况

主持人：接下来我们去江苏省常熟市看看那里智慧学习环境建设的情况。

"双减"之下，智慧教育如何为教育教学赋能增效？人工智能又给校园带来哪些改变？日前，记者走进常熟市，实地了解常熟中小学科技赋能教育新样态。

常熟市古里中心小学是一所乡村小学，也是全国第一批"央馆人工智能课程"规模化应用试点校。记者看到，在学校的人工智能校本课堂上，学生在系统学习人工智能基础理论基础上，通过动手实操沉浸式体验人工智能技术，形成对人工智能整体的科学认识。采访中，记者了解到，学校在异地重建后的不断完善，创新和发展人工智能教育理念、课程、体制等，构建项目驱动人工智能教育学习活动新模式，形成了人工智能教育教学新生态。

常熟市王淦昌高级中学是以我国著名核物理学家王淦昌先生名字命名的一所省级重点中学。一进校园，就能感受到人文校园和智慧校园两大亮点。采访中，记者了解到，学校积极开展智慧教学活动，利用大数据精准教学系统开展教情学情分析，推进精准化的教与学，依托央馆人工智能课程和常熟市人工智能教育应用平台，提升教师信息化教学能力，提升教育教学质量。学校除了开设机器人、无人机等科技社团，还开设了人工智能校本课程，学生可以将学到的人工智能方面知识应用到社团活动中。

主持人：杨局长，我们看到常熟市有一些很有特色的做法，请您给我们讲讲经验。

杨俊达：常熟市始终坚持需求牵引、应用为王、示范引领、安全发展的思路，重点做好以下几项工作。

一是推进智慧校园建设，推动教育理念与模式、教学内容与方法的改革创新，促进信息技术与教育教学深度融合。目前全市95%以上的学校已经创建成为江苏省的智慧校园。

二是深化数字化平台体系建设。我们建设了常熟市智慧教育云平台，构建全市统一、互通互联的智慧教育生态，并先期开展了智慧教学助手实践，丰富教学资源的获取，助力常态教学，打造高效智慧课堂。我们建设了常熟市精准教研大数据平台，以人工智能、大数据分析等技术为核心，通过扫描阅评卷、学科情况智能分析、整体综合评价模型等一体化工作，为精准监测、科学教研提供了数据支撑。同时我们还建设了同城帮扶云上教育的工作平台，来促进优质教育资源的共建共享，缩小城乡教育资源数字差距，推动优质教育的均衡发展。

三是开展人工智能教育。我们抓住基础环境建设、师资队伍建设、人工智能课程研究三个着力点，全力撬动人工智能学校建设。目前区域内首批开设了央馆人工智能课程的学校有29所，覆盖小学、初中、高中多学段，城区、乡镇多区域，公办、民办多维度。我们提出，到2024年要将60%以上的学校创建为人工智能教育的实验学校。我们还建设了常熟市人工智能教育的应用平台，构建科学化、生活化、情境化的人工智能课程体系，指导区域内的学校通过课堂、社团活动、延时服务等多种途径，开展人工智能课程教学活动，并积极组织学生参加各级各类的人工智能竞赛活动。

六、智慧学习环境应用变革教育教学样态

主持人：智慧学习环境的建设已经有几年的时间了，周教授，您看到智慧学习环境给教育带来了哪些变化？

周跃良：无论从刚才讲的两个案例，还是从现在的应用情况来看，我觉得智慧学习环境至少给我们带来了几方面的变化。

第一个方面就是通过智慧学习环境，我们能够在大规模教学的情况下实现个性化学习。

第二个方面就是教师的变化，教师可以应用技术对学生进行更加全面的了解。我们教学的起点应该是学生的学习状况或者是知识掌握状况。在常规教学中，其实很难实现对学生全体的比较深入的理解和分析，因为教师没有时间或者没有能力做到这一点。但是智慧学习环境可以做到，它使教师的教学或者教学设计有了数据支撑，也为教师自身的专业发展提供有效指引。

第三个方面就是评价的应用价值或者作用可以体现出来了。我们一直讲对学生不能够简单地采取分数进行评价，但长期以来，这种评价方式很难改变的一个原因就是收集不到足够的数据。现在智慧学习环境可以采集学生的学习效率、学习品质、学习过程中的情感态度以及德育等方面的数据，当然这对智慧学习环境的建设也提出了相当高的要求。

主持人：武教授，请您谈一谈智慧学习环境建设与应用起到了怎样的作用？

武法提：智慧学习环境建设对于推动教育均衡和质量提升，五育并举培养个性化发展的人才方面起到了重要作用。

首先，智慧学习环境强化数据、模型与资源的要素功能，能够支持精准教学的规模化实施。学生的个性化发展需求被彰显和关注。其次，教师画像与学生画像的构建，可以助力数据驱动的综合评价的开展。再次，大数据教研中心充分发挥数据、资源、模型、教育主体的要素功能，革新教研流程。最后，教育资源供给服务系统为学习者提供优质数字资源，能够缓解资源配置不均衡问题。

七、智慧教育的发展路径与前景展望

主持人：武教授，您调研了很多学校，现在看到的成果有哪些？同时您觉得还有哪些不足是未来需要努力再改进的？

武法提：在智慧教育示范区推进的过程中，智慧教育在一线的实践是非常生动的，在教育应用的各个方面，如教、学、研等方面都有很多典型的案例。目前来看，在过去智慧教育示范区三年的推进过程中，我们看到在教的方面，信息技术与学科深度融合得到了很大提升。基于课堂数据、基于学情分析的精准教学有了很大进展。另外，在学生的个性化学习方面，重庆两江新区的个性化作业，还有安庆市的个性化作业，都能够做到分层教学，实现学生的个性化发展。重庆璧山区在智慧教育治理方面，把学校的数据和社会治理数据联系起来进行安全治理，效果也非常明显。在数据驱动的评价方面，学生综合素质评价也取得了很好的进展。不仅能够获取学生智育的数据，还能够获取体育、美育、德育等方面的数据，来对学生进行综合素质评价。我认为这些都是非常好的举措，但是在推进过程中也能发现一些特别突出的问题。

首先，在智慧学习环境建设与应用过程中，暴露出的主要问题就是教育应用系统较多，教育应用之间不能互通数据，出现数据孤岛的问题。这将难以形成数据合力，无法进一步构建真正的教育大数据。因此，建设区域数据中台、制定数据标准、联通各级各类过程性数据是必要的。另外，有条件的区域要建设数据中心和"教育大脑"，构建智能教育中各场景中的数据分析模型。其次，智慧教育的发展方向是实现人机协同。纯粹靠机器的智能很难真正实现智能化或者智慧化教育，必须借助人的智慧，让两者介入干预过程中才能真正实现精准教学、个性化学习、智慧治理。未来，还需在人机智能协同的机制和形式上加大研究力度，发挥人类灵活性与人工智能逻辑性的优势，这才是实现智慧教育的关键。最后，探索与当地经济社会发展相适应的智慧教育发展之路，形成多元建设模式和应用模式，避免标准化。我们很难用一个标准或者一个规范约定智慧教育应该怎样发展，我们要根据不同地区的特点，因地制宜，多元模式发展智慧教育，而不是一刀切，让大家都用同样的设备、同样的模式。

总而言之，未来理想的智慧学习环境中，技术是隐形的，教师和学生能够无意识地、常态化地将智能技术融合到自己的教学与学习过程中，教师只关注教学的有效性和质量提升，无须投入较多精力关注技术本身。

主持人：杨局长，您对于智慧教育环境的创设理想是什么？请您来展望一下。

杨俊达：展望未来，常熟市教育将践行人人学、时时学、处处学的理念，进一步夯实信息化的底座，持续推进校园网络、智能终端、智慧教室、智能安防等基础设施建设，进一步深化平台的建设应用，探索平台加资源的服务模式，以筑牢网络的安全底线，不断优化智慧学习环境。同时也将进一步推进智慧课堂的普及与创新，变革教与学的方式，促进信息技术与教学深度融合，聚焦"人工智能＋教育"，以服务好学生的个性化发展，努力培养新时代的创新型人才。

主持人：周教授，您理想中的智慧学习环境应该是什么样的？实践路径中面临哪些问题要解决？

周跃良：第一个方面，我们正走在建设智慧学习环境的路上，实际上目前真正有智慧学习环境的学校和场景还不多。但是智慧学习环境从技术层面上讲，我认为其当前的发展速度比我们想象的要快一点，也许将来我们会实现虚实结合的智慧学习环境。

第二个方面，从理念上来讲，我认为智慧学习环境的指导思想应该摆脱过去信息技术与课程整合的思路。因为信息技术与课程整合实际上就是技术和课程，这两个显然都是客观的对象，或者说是物和物之间的整合，这样的思路会造成一个结果，那就是信息技术都是用于改变信息呈现的方式，这会对信息技术应用带来比较严重的障碍。刚才提到了人机协同教育的思想是我们现在关注的重点，如何在未来的智慧学习环境中，发挥人类教师和智能教师或者人工智能教师各自的优势，来优化整个教育过程。我觉得这是未来智能学习环境研究或是建设必须关注的一个重点。

第三个方面就是教师如何来改变。过去教师在应用学习环境的时候很少把它直接设计到教学方案当中，也就是教师没有把环境作为教学设计当中的一个要素来看待。但是在智慧学习环境当中，教师要重新思考技术、环境如何融入教学过程中，这一点在教学设计过程中就应该被充分考虑进去，否则就没办法体现智慧学习环境的价值。

第四个方面是学生。智慧学习环境中，如果学生手上没有设备，没有智能终端，智慧学习环境的价值也难以很好地发挥。现在全国各地有关这方面的争议比较多，但是从今后的发展逻辑来看，学生不仅要有智能终端，也要学会如何利用智能技术或者利用终端来提高学习能力。

主持人：谢谢三位嘉宾的分享。未来要实现人机协同的智慧学习环境，既需要技术的不断迭代更新，也需要人的智慧参与其中。

扫一扫，观看访谈视频

加强智慧校园建设与应用
推动智慧教育创新发展

——访李葆萍、王运武、曲飞

李葆萍

北京师范大学副教授，联合国教科文组织国际农村教育研究与培训中心 ICT 促进农村教育发展领域首席专家，未来教育高精尖创新中心未来学校研究领域首席专家。主要研究方向为智慧学习环境设计与评估、未来学校研究、技术创新教学设计和学习效果研究等。主持 5 项国家及省部级课题，主持多项区域、学校和企业合作课题。

王运武

江苏师范大学智慧教育学院教授，江苏省教育信息化工程技术研究中心副主任，江苏省高校哲学社会科学重点研究基地"智慧教育研究中心"副主任。全国信息技术标准化技术委员会专家委员、教育部中国教育信息化专家库收录专家、江苏省苏北发展特聘专家。担任多个 CSSCI 期刊、核心期刊外审专家和杂志编委。主要研究方向为教育信息化、数字教育战略、教育数字化转型、智慧教育、智慧校园、学习科学与技术等。

曲飞

辽宁省沈阳市大东区教育局党委书记、局长。对区域教育质量提升有前瞻性思考和实践，总体设计并带领大东区智慧教育建设取得诸多成果，被教育部官网、《中国教育报》等主流媒体推介建设经验。撰写的多篇教育教学论文获得国家、省、市优秀论文一等奖。主持的多项智慧教育课题被列入省市"十四五"规划课题。

一、智慧校园与智慧教室的概念与特点

主持人：大家眼中的智慧校园、智慧教室的理想状态是什么样的？

李葆萍：智慧校园实际上是数字校园的一个高级形态，"智慧"一词在国际上被认为来源于智慧地球的概念，可以说智慧教育继承了智慧地球所讲到的互联化、物联化和智能化的特征。基于此，智慧校园在基础设施层通过高速的网络连接，包括移动的互联和智能传感技术构成了一个无缝连接以及全面环境感知的场域。在中间的应用层，它通过接入各种智能设备，比如手环、智能大屏，还有相应的应用，如虚拟现实、智能机器人等等，营造了一个沉浸的、开放的、虚实融合的学习空间。在这个学习空间里，它可以全方位地支持分层教学、精准教学，以及一些探究式的学习。对于学校的治理、管理也能够提供很多智能化的支持。在上层的服务层，它通过人与环境、设备的互动，把师生有价值、有意义的一些行为和表现数字化，把学校的各种应用的流程和内容数字化，通过数据的分析、挖掘和建模，自动地感知不同情境下各个用户的个性化需求，并且给我们提供适应性的、智能化的工作、学习、生活服务。这是我眼中的智慧校园、智慧教室的场景或者其应有的样态。

王运武：我认为在不同的学科背景和实践领域中，大家对智慧校园、智慧教育的理解是不尽相同的。智慧校园、智慧教室可以看作智慧学习环境，或者说是面向未来的学习空间，我曾经形象地用一个公式来表示智慧校园，这个公式就是"智慧校园 = 智慧型基础设施 + 智慧型资源 +118 工程"。智慧型基础设施包括智慧大楼、智慧办公室、智慧图书馆等，智慧型资源包括智慧课程、云教材、智慧教育服务平台等，118 工程包括 1 个教育大数据中心、1 个信息门户——当然这个信息门户既有 PC 端又有移动端，以及八类智慧校园应用系统，包括学生成长类、教师专业发展类、科学研究类、教育管理类、安全监控类、后勤服务类、社会服务类、综合评价类。当然高校建的智慧校园和中小学建的是不一样的，高校的智慧校园应用系统一般比较全和大，中小学的智慧校园是根据自己的情况、适合自己的需求去建设的。

曲飞：我理解的智慧校园是我们之前建设的数字校园的升级版，它打破了学校围墙，跨越时空界限，是一个虚实结合、智能开放的空间。在这里，技术与教育、技术与人深度融合，它能够用空前丰富多元的学习资源为学生提供大规模的个性化学习服务。智慧教室是智慧校园的一个组成部分，它也是新型的智慧学习环境，是一个主要借助云、网、端等技术手段实现差异化的教学空间。

二、智慧校园与智慧教室的发展现状

主持人：现在智慧校园与智慧教室达到了一个什么样的水平？

李葆萍：学习空间是学习活动发生的场所，当这个空间从封闭的校园和教室空间走向线上和虚拟的空间时就可以产生混合式的学习，这是数字化必然会带来的一个变化。在这样的空间里，资源是非常丰富的，以前学生可能只能通过教师来获取资源，现在可以通过云、网来获取。这从部分程度上解放了教师作为课堂的知识传授者不得不完成的一个职责。现在教师能够以协作者和同伴的方式进入课堂，促进知识传授式的课堂转变，虚实融合的、情境化的多方面交互的学习场景或者行为也会不断地涌现出来。在这个过程中，学生的学习可以被技术手段通过自然无感的方式过程性地记录下来，以便教师及时地了解学生学习的进展；还可以通过可观察到的一些外部行为，借助智能手段来了解学生的内部认知策略，以很好地对学生学习进行相应的干预。智慧校园和智慧教室的各种组成和应用，对于教育场所的管理、学生的安全服务、教育治理流程再造、效率提升，都会产生很好的效果。现在国家推进的智慧教育示范区建设实际上就是不断探索一些创新的模式和新的场景，来破解智慧教育发展中可能遇到的难题或障碍。总体来说，虽然我们离最理想的状态还有一段距离，但是我想创新应用的整体发展态势在政策的引领下还是非常明确的。

主持人：要达到一个非常成熟的生态，首先每一个环节要成熟，其次环节之间的配合、衔接也要成熟。王教授，根据您的调研观察，您认为现在智慧教育生态达到了一个什么样的水平？还需要在哪些方面努力？

王运武：当前智能技术作为新的物种，就像生态学中的新物种一样，介入教育后产生了很多影响。对未来教育形态来说，有这些变化，一是为师生、管理人员营造了个性化、智能化、智慧化的学习环境，让师生获得了更好的学习和工作体验。二是在智能技术、教育诉求等影响下，加快了教育数字化转型，显著提升了师生数字素养和技能。三是在科技和教育双向赋能的驱动下，涌现了多样化的学习方式和教学方式。四是改变了学校教育治理模式，促进了学校治理体系和治理能力的现代化。特别是近几年来，在智慧教育示范区、5G＋智慧教育应用试点等项目的推进下，尤其是智慧教育被写入国家"十四五"规划纲要，智慧教育的发展被推向新的高潮，当前智慧教育示范区等少数区域教育生态系统达到了相对较高的水平，开启了未来教育的开创性探索，也积累了丰富的经验和案例。

三、案例：沈阳市大东区

主持人：曲局长所在的沈阳市大东区是辽宁省的智慧教育示范区，在那里，智慧教室和智慧校园的建设、应用达到了什么样的水平？我们一起来看一看。

沈阳市尚品东越学校于 2019 年 9 月建校，是一所拥有先进的办学理念、高素质的教师队伍和高标准的教学设备的现代化九年一贯制学校。作为沈阳市智慧教育示范校，学校将"漫"文化与智慧教育相融合，打造幸福的智慧校园，积极构建具有系统性、网络性、持续性的一种全方位、立体式的融合创新管理的发展模式，覆盖了教、学、考、评、管的教育全场景解决方案，不断推进智慧校园建设，丰富现代化教育的内涵。学校以建设创新发展脉络，率先引入了千兆光纤设备，实现了智慧校园网络全覆盖、多媒体网络全到班、数字化科技实验室全到位，为全体师生配备了智能学习终端，建设了智能物联终端、人工智能智慧课堂，人工智能实验室、人工智能语音听说教室、智能创客教室、智慧操场、智慧图书馆等智能教育设备，打造沉浸式教学环境，创设实时可学、处处能学的智慧学习环境，开启了将智慧教育作为落实"双减"、促进学生全面发展、推动幸福教育落地的实践探索，以"漫"文化引领高标准数字环境建设，创新学校发展脉络，打造幸福智慧校园。

主持人：曲局长，现在大东区智慧校园的建设已经取得了非常显著的成就，这几年做了哪些工作、哪些努力，才达到今天这样的状态？

曲飞：大东区的智慧校园建设是从 2014 年开始启动的，当时我们通过统一标准、逐校推进、应用示范等方式促进了智慧校园的建设，也获得了全国教育信息化创新应用典范区域的称号。随着《中国教育现代化 2035》和《教育信息化 2.0 行动计划》等政策的出台，我们对智慧校园的建设和应用又有了新的理解和思考。在原有基础上，我们紧紧围绕着立德树人、"五育"并举、促进学生全面发展的目标，初步搭建了大东区智慧教育"1+1+3"的发展模式。第一个"1"就是一项行动，也就是智慧教育基础环境升级行动。通过这项行动，我们为师生构建了数字化的校园空间，实现了全场景的应用场面。第二个"1"是一个平台，也就是大东区的物联网＋教育大平台。通过这个平台我们实现了学、研、教、练、评、管全链条的智慧化教育服务。"3"是指三项工程，分别是学生全面发展工程、教学提质增效工程和教师素养提升工程。通过三项工程的并行推进，我们促进了学习场景、教学方式、教育管理的转型升级。我们的建设设计了两期，目前一期已经完成了初中阶段的建设内容，现在正在进行常态化的应用和实践，二期我们主要面向小学阶段和高中阶段，目前已经启用。希望到 2024 年，通过我们的努力与实践，能够初步形成可复制、可推广的大东区的智慧校园应用方面的一些做法和经验。目前我们正在推进幸福教育，幸福教育的内涵是安全、乐学、成长，智慧校园建设的落脚点应该和幸福教育的内涵相契合，我们也特别希望通过智慧校园的建设，促进幸福教育走深、走实。

四、学校如何推进智慧校园建设

主持人：既有时间表，又有路线图。其实曲局长分享的这些经验可以给很多学校提供借鉴，当然每所学校、每个地区基础不同、情况不同，也需要因地制宜。王教授，总体来看，您觉得学校应该如何推进智慧校园建设？

王运武：实际上，智慧校园建设在全国大部分区域已经发展到了比较高的水平。目前来说，智慧校园建设更要加快数字化转型，为了更好地实施学校的数字化转型，首先要准确把握数字化转型的内涵。当前在教育领域，数字化转型是热词，它有很多相关的术语，比如教育信息化、数字教育、智慧教育等，全面梳理运用这些术语，可以增强政策影响力，增强战略认同感。教育数字化转型是指教育全要素、全流程、全业务、全领域的数字化转型，借助智能技术变革教育系统，推动智慧教育生态的形成与发展，其根本目的是培养数字经济和智慧社会发展所需的创新型人才。教育数字化转型是一种状态，不是一个结果，其最终目的是实现智慧教育，根本目的是培养数字经济和智慧社会发展所需的创新型人才，关键是破解教育信息化进程中的难点和痛点，本质是实现教育系统变革，推动智慧教育生态的形成和发展，当然也包括智慧校园和智慧教室的建设，其战略价值是加快教育信息化的政治担当，以教育信息化推动教育质量的高速发展。

其次需要把握学校数字化转型的态势。学校数字化转型是从传统校园到数字校园再到智慧校园，最终实现学校的智慧教育发展的过程。当前少数信息化条件好的学校呈现出新一代智慧校园建设的趋势，新一代智慧校园又称为 OMO 智慧校园，这指的是线上线下融合的智慧校园，强调线上线下的深度融合创新。学校数字化转型的关键是要破解创新人才培养、信息孤岛等困扰教育信息化发展的难点和痛点，形成线上线下融合的业务流程、治理体系和治理能力，发展智慧学习环境、新型学习方式与教研方式、现代教育制度等。

最后需要强调学校数字化转型的统筹规划、设计与保障。学校数字化转型，像教育信息化一样，是一项系统工程，需要在加强顶层设计的情况下实现全员参与，增强协同推进能力。

五、智慧校园与智慧教室的应用与发展路径

主持人：智慧校园的建设是一种状态，而不是一个结果，其目的是要改变整个教育的生态，更好地提高教育质量。您认为智慧校园的应用会带来什么样的改变？

李葆萍：刚才的对话让我深刻、直观地体会到智慧教育为教育生态带来的一个全方位的转变，包括学习的方式和空间、教育管理，以及整个教育理念。各国都已经认同信息化、智慧教育是实现面向智能时代人才培养的重要途径，实际上智慧校园是整个教育信息化发展的一个关键点，它通过以点带面的方式在整个社会促进教育转型和人才培养质量的提升，对增强我国的综合国力，实现民族的伟大复兴至关重要。

主持人：我们建设了这么好的硬件之后，最重要的还是师生要有数字素养，能用好这些硬件、系统，那怎么来提升教和学的数字素养呢？

李葆萍：对于智慧校园或者智慧教室来说，灵活变动的空间、智能丰富的技术，只是外在的形；教与学的理念和文化的转型、育人质量的提升，才是内在的神。当然，达到这个目标需依赖教师和学生的实际应用，要提高师生的数字素养。提升教师和学生的数字素养有三个层次。

一是在观念和态度上愿意接纳它、使用它、尝试它，还有愿意掌握知识、使用技术。我们做了一个七万多名师生的大规模样本的调查，调研发现，教师都能够使用信息技术来进行一些相应的教学活动，并且活动还比较丰富，这是非常可喜的一个方面，体现了师生有相关的数字素养。但是再仔

细分析，我们发现这些教学活动背后的模式还是倾向于用信息技术来支持知识的传递。这就说明在具备一定素养的情况下，我们期待的以学生为中心的学习方式转型还需要加强。

二是教师培训方式的改进，实际上我们国家做了很多各种层面的培训，但是在学校实践中，有时候会听到校长或者教师说，有什么更新的东西我们不了解，能不能介绍给我们；或者还有教师说，知道要在教学中用信息技术，但是不知道怎么用。所以我觉得培训背后反映的问题是，一方面，要将当前与智慧教育发展相适应的信息技术介绍给教师，让他们能够理解它、认识它。另一方面，以前的培训总是技术培训、教学培训，或者学科培训，我们要找到它们之间的连接点。比如现在讲大单元教学、大概念教学或者是项目式学习，如何用技术来促进一些学科教学法的实施呢？那我们在做技术培训的时候，不仅要告诉教师技术的操作，还要说清这种技术在什么样的教学应用场景下实施，所以培训内容要以符合实际应用需求为导向、为目的。另外在培训方式上能够更多地使用体验式的方式。我们想给教师传递一种教学模式转变和信息应用的方式，让教师作为学习者来体验、来感悟。因为教师掌握技术后可能会习惯性地想我怎么用它来教学，而不是从学生学的方向考虑。当教师从学习者的角度来感受的时候可能会对技术环境有一些不同的思考。教师对于技术的感知会影响到他的一些行为选择。

三是服务支持要跟上，有合理的激励机制，有与时俱进的教研制度。首先，教师得到了支持以后，还是要在应用中来提升数字素养。我们可以看到，一些设备或者应用是从通用设备领域转化到教育领域的，在教学中有很多个性化需求，特别是现在讲以学生为中心的转型需要服务能够支撑得上需求，能够为教师提供相应的资源、支架，甚至是工具支持，可以让教师获得使用信息技术的成就感和积极性。其次，在激励机制上，我们在实践中看到一些数字素养整体比较高的学校往往有一批愿意使用技术的教师群体，怎么样通过机制设计让这样的教师能涌现出来、选拔出来，并且能够给他们提供更好的影响力扩大的因素，让他们带动其他教师使用技术的积极性，这是需要思考的。最后，在教研制度上，如何用技术促进新型教育教学，比如分层教学、精准教学、协作化学习、探究式学习？把技术和教育教学的结合作为一个研讨的专题，并且给教师提供反馈和支持，将有助于全方位地从理念到知识再到应用上来提升教师数字素养，带动学生在新型学习环境下的体验和能力提升。

六、智慧校园、智慧教室的发展愿景

主持人：曲局长，您对智慧教育建设有怎样的期待？您认为现阶段要做些什么达成这个目标？

曲飞：我认为新一代智慧教育建设不应该是由技术堆砌起来的冷冰冰的师生生存空间，它应该是有温度的、丰富的，能够为师生提供各种个性化服务的教育空间，让师生可以自由地成长。基于这个思考，未来我们想从三个方面进行设计和建设，第一个方面是智能融合的管理形态，第二个方面是智慧灵动的学习空间，第三个方面是泛在多元的学习方式。通过这三个方面的建设，特别是应用和融合，我们希望能够让个性化学习真正地发生，并且促进学生的全面成长，这是未来我们努力的方向和目标。

主持人：王教授，在现在教育新基建的背景下，您对未来有什么期待？

王运武：新基建给学校数字化转型、智慧校园建设、智慧教室建设提供了很好的基础条件。随着当前 5G 时代、智能互联时代的发展，特别是在教育新基建等工程的支持下，新一代智慧校园初现端倪。新一代智慧校园是智慧校园发展的新阶段，也是教育信息化 2.0、5G 时代、智能互联时代的产物。新一代智慧校园，是线上线下融合的智慧校园，也就是 OMO 智慧校园，它是在 5G、WiFi6、智能互联网等超高速网络的融合支持下，实现媒体、技术、平台、资源、数据、人和物智能互联，线上线下的业务高度融合，智能化水平显著提升，支持智能数据可视化分析和智慧决策，支持多种新型资源形态和教育形态，提供高体验感、高满意度的智慧教育服务，培养未来创新人才和智慧人才的新型学习环境。新型智慧校园的建设需要关注硬件、软件、资源平台、空间的设计，特别是未来空间的设计，以及强化智慧教育服务。具体来说就是为学生、教师和管理者提供什么样的服务，这些都是非常值得我们关注的。

此外，在建设过程中需要遵循三个原则，第一个是按需建设；第二个是适度超前，具有引领精神；第三个是空间或者资源的会用。还需要遵循相关的标准，当前智慧校园的标准主要分为三大类：国家标准、地方标准、团体标准，我国出台了系列的标准，可以为智慧校园建设和智慧教室建设提供相应的参考。

新一代智慧校园呈现了八个特征，未来的智慧校园我们期待能够呈现八个方面的表现。一是高度的智慧化或者智能化，特别是在人工智能、大数据支持下，相对于传统的智慧校园或者数字校园而言，智慧校园的智慧化水平有显著提升。二是高体验感和高满意度，也就是能够满足师生和家长的高需求，满足办人民满意教育的需求。三是智能互联或者智慧互联，这也是当前在多媒体融合或者说网络融合的条件下实现的新发展趋势。四是超高速网络，特别是在新基建的支持下，WiFi6 将会成为新的发展趋势，5G、F5G 对校园网建设是一个新的提升。五是实现智能分析，比如借助人工智能、大数据、区块链技术实现业务数据的智能化、可视化分析，服务于学习、教学和管理，服务于新时代的评价改革。六是智慧决策层面，通过互联网舆情监测系统，提升区域或学校的治理现代化水平。七是智慧校园的建设最终还是要促进教育系统的变革，实现教育新生态。八是期待将来的智慧校园起到更好的创新引领作用，这个引领作用不仅仅是引领区域或者省份或者国家的智慧校园发展，而是期待将来智慧教育示范区建设更多、更好的智慧校园，引领全球的智慧校园的发展，引领全球的智慧学习环境的发展。

主持人：刚才也讲到了，其实现在学校里用的很多设备是通用的，并不是专门为教育设计的硬件或者系统，今后是不是可以有更多专用的东西？

李葆萍：这是一个非常重要的问题，教育相关的产品、设备的主要目的还是促进教师们的使用，在使用的过程中，如果产品和教育需求结合得越紧密，它的赋能程度或者效率就会更高，这是必然的。而且，信息技术本身也有不稳定性，它的操作有复杂性，在无形之中，师生在应用时其实增加了额外的认知负荷，以至于教师不能把精力集中在教育教学本身上。如果教育信息化相关的研发企业能够和学校的教育教学需求与国家的政策相互结合，形成一个生态体系，在这个基础上来研发符合教育实践场景的产品，对于促进产品应用，提高教学效率，将大有助益。

主持人：智慧校园和智慧教室的建设和应用，不是一个结果，而是一种状态。我们希望通过大家的努力，这个状态能越来越好，建设和应用也越来越科学和高效。

扫一扫，观看访谈视频

发挥数字教育资源优势
构建公平优质教育体系

——访李玉顺、柯清超

李玉顺

北京师范大学教授，教育学部慕课发展中心主任。数字学习与教育公共服务教育部工程研究中心副主任，教育部基础教育教学指导专业委员会信息化教学指导专委会委员。研究方向涉及移动学习与在线学习发展、教育信息化宏观战略和微观学校课堂学习方式变革理论与实践、互联网教育应用及互联网学习发展评估、智能教学系统与个性化学习环境研究、高等教育慕课及在线学习研究等。

柯清超

华南师范大学教授，教育信息技术学院副院长，广东省人工智能与智慧教育重点实验室常务副主任，教育部新世纪优秀人才支持计划入选者，教育部基础教育教学指导专业委员会信息化教学指导专委会委员。研究方向包括教育信息化、人工智能教育、教育政策等。出版《超越与变革：翻转课堂与项目学习》等多本著作，先后三次获得国家级教学成果奖。

一、数字教育资源与数字教材的概念

主持人： 先请两位教授用最通俗易懂的语言来解释一下什么是数字教育资源？什么是数字教材？它们的特点是什么？

李玉顺： 数字教育资源是指以电子化方式表征，能够在网络上传输，在计算机上存储、处理和呈现的信息资源。从形态上讲，是文本、音频、视频、动画及多种形态综合的富媒体；从特征上讲，具有共享性、时空拓展性以及虚拟创新性。数字教材是对文本教材的数字化，但又基于数字化形态与特征拓展了新的特性，包括交互性、富媒体性、学习体验增强性、个性化学习适应性等，形成了新型的教学内容供给方式。

柯清超： 数字教育资源是信息时代知识的一种载体，或者说是一切可以在计算机系统上运行的各种多媒体数据和软件系统。从技术上讲，数字教育资源具有多媒体性、网络化、智能化特征。它在教学中比较直观生动，具有很强的交互性，也非常便于师生共享。当前常用的数字教材应该说是数字教育资源的一种表现形式，是按照印刷教材的文本来组织各种各样的多媒体素材，更便于师生去阅读和使用。

二、数字教育资源在"停课不停学"期间发挥的作用

主持人： "停课不停学"期间，数字教育资源发挥了非常重要的作用，两位教授怎样看？

李玉顺： 是的。在"停课不停学"期间，我认为数字教育资源发挥了三方面的作用，第一个方面是它作为基本的学习资源内容供给，可以将学习任务布置给学生自主学习，在教师不在场的情况下，能帮助学生完成学业任务；第二个方面是在教学过程中，教师借助在线平台，在与学生互动的过程中将

教学资源融入学习活动，创设学习情景、激发学习兴趣、提升学习认知参与等，支撑了在线教学；第三个方面，数字资源起到了共创、共享和传播的作用，促进了教师们教研、教学，提升了教师的在线教学能力，保障了教师课程教学的有效实施。

柯清超：数字教育资源在"停课不停学"期间的确发挥了非常重要的作用。中小学实现"停课不停学"主要有两种形式，第一种是教师实时直播教学，第二种是教育主管部门预先录制好数字教育资源，让学生通过点播的方式进行居家学习。此外，数字教育资源对"双减"的落地也能够发挥非常大的作用。中小学要做到减轻学生的课业负担，提高课堂教学水平，提高作业设计的质量，数字教育资源是非常重要的支撑。怎么应用优质数字教育资源来上好一堂课？怎么应用智能化工具帮我们设计好学生作业，让学生作业更加有针对性？这些都是未来非常值得深入探索的。

三、我国数字教育资源建设进程

主持人：实际上，我国的数字教育资源建设很早就已经开始了，想问问两位教授，目前我们国家数字教育资源的建设情况进展如何？

柯清超：我们国家二十多年来非常重视数字教育资源的建设，先后启动多个相关的重大工程。2003年，我国启动了"农村中小学现代远程教育工程"，建设了大量的数字教育资源，并通过光盘、卫星传输、计算机网络的方式将其传送到偏远农村地区。2012年，教育部和财政部启动了"教学点数字教育资源全覆盖"项目，通过网络、卫星的方式为我国偏远地区的7.6万个教学点传送优质教育资源，帮助农村地区，特别是缺师少教的教学点开齐、开足、开好国家规定的课程。2014年，教育部启动了"一师一优课、一课一名师"活动，目标是鼓励所有优秀教师应用优质数字教育资源上好一堂课，并把这门课以及相关的教案、习题上传到网上，实现了一师上好一堂课、每一堂课都有一位名师做示范的目的。目前我们国家的这个活动已经积累了2000

万节课的资源，这是非常重大的资源建设项目。2022年，教育部启动国家智慧教育公共服务平台，将大量的优质数字教育资源汇聚在一起，提供给基础教育、职业教育和高等教育使用。我们国家这些年不断探索应用优质数字教育资源来提高教育质量、促进教育公平，并且在这方面取得了非常大的成就。

李玉顺：刚才柯教授讲了国家推进数字教育资源建设进程的情况，我从行业整体发展视角做一个补充。在2002年前后，数字资源支持了多媒体教学的开展，课堂实践上我们开始转向多媒体应用，于是有了配套教材的教学光盘，后来逐步走向校本资源库形态，支持校本化、群体性应用，再后来走到区域资源平台方式，支持跨越学校边界、区域共建共享、企业参与供给的新形态，教育数字资源生态逐渐放大，特别是国家中小学资源平台的运行，渐成数字教育资源公共服务新局面。此后，伴随"十二五""互联网+"进程，有了互联网教育服务供给形式的数字教育资源生态环境，国家教育资源公共服务平台建设带动了全社会数字教育资源服务供给，出现了一大批社会资源服务作为国家教育公共服务资源的补充，有效地助力了教育改革与实践需求。

四、发挥数字教育资源优势 扩大优质资源覆盖面

主持人：数字教育资源和数字教材究竟在目前的教育教学中发挥了怎样的作用呢？接下来我们一起到广州去看一看。

广州市建设了全国首个智慧阅读平台，为学生推送个性化阅读资源。2019年以来，全市260所试点校约29万学生，平均每天阅读时长约45分钟，完成阅读记录超1.03亿人次，形成了学科教研与学生研究性学习相结合的研学导读机制。通过智慧阅读活动，把中小学生从繁重的课外补习带回趣味盎然的课外读物中，提升了学生人文素养。

广州市建设智慧校园实验校100所，深入推动人工智能、大数据、虚拟现实等新一代信息技术在教育教学的深度融合应用，以信息技术支撑教

育集团资源共享，形成了一批在国内有较大影响的区、校智慧教育应用优秀案例。开展了 5G＋智慧教育试点应用，以"智能教学系统"支撑智能教学，实现物理空间与数字空间融合，探索并推广信息技术与教育教学融合的先进经验。

广州市精心研发出版了中小学《人工智能》系列教材。该套教材是全国首套经省级教材审定部门通过的中小学人工智能教材，已于 2020 年 3 月正式在实验学校开展教材实验教学，于全国范围内具有引领和示范作用。

广州市建设了教育科研网，接入单位超过 1600 家，网光纤总长度延伸 4 万多公里，是目前国内最大的教育城域网，为构建高质量教育体系提供强有力支撑；构建了校外培训管理平台，以信息化手段规范了校外培训机构的管理，建设了"广州在线教育专栏"，设立了广州名优课例、素质教育、学科教学资源、广研学堂、易美课堂等专题内容，整合了各类学习资源共 4286 个，为学生提供免费在线学习平台。

主持人：未来我们该如何进一步发挥好数字教育资源和数字教材的优势，特别是进一步扩大它的覆盖面？怎样惠及更多师生呢？

李玉顺：对数字教育资源和数字教材的作用，我认为可以从三个层面来看其价值方向，第一个层面看教师的常态化课堂教学，第二个层面看学生的学习方式变革，第三个层面从教育公平来看资源的价值和意义。

从教师教学方面来看，数字资源是推动多媒体教学发展的起始性力量，多媒体教学提升了知识传授过程的知识记忆和理解。在这个发展的过程中，数字资源形态产生了变化，比如说在线微课资源、学科性工具资源等，课程教学活动日益丰富多元，促进了师生对话、生生互动建构，而数据资源的融入推动了精准化教学，数字资源形态的演变撬动了课堂的深层次变革，数字教材更是从基础层面上创新了学习方式，推动了教学变革。在整个过程中，变教为学、指向学生学习发展的课堂生态日益呈现，教师的教学理念在更新，现代教学能力亦得以发展。

从学生学的视角看，社会发展需要学生具备自主学习、终身化发展的能力，这仅仅靠教师的教是难以承载的，需要大量的、丰富的、多种类型的数字资源，使得传统的三中心（教师、学生、教材）转向现代的三中心（学生、教师、学习），因此，在学校场域、家庭场景、社会非正式学习场合普适泛在地使用数字资源，使学生浸润在数字学习环境中，才能够培养与时代发展相适应的下一代学习者。

从国家教育信息化发展情况看，推动教育公平是一个持续推进的实践进程，需要国家数字教育资源公共服务体系的基础支撑，需要社会领域广泛的数字资源汇聚与创新，从而为学习者提供海量、优质、融合、个性的学习资源，创生以人人、时时、处处为特征的终身化学习环境，大规模在线慕课运动已经在教育领域掀起了优质教育资源共享与传播的浪潮，这一进程将会伴随社会发展持续演变，最终达成教育公平新境界。

柯清超：我认为可以从几个方面看如何扩大优质教育资源的覆盖面。一是教育行政部门要按照教育部的要求，规模化地推动优质资源应用。二是教研部门也要不断地提高教育资源的供给服务水平，让资源服务更加有针对性，能够对教师更加适切。三是教师自身也要不断更新教育教学理念。对教师来讲，观念的转变和使用技能的提升对探索新型教学模式都是非常重要的。四是从学生的角度，要鼓励他们学会运用资源来学习，掌握数字化学习能力，真正转变学习方式。

五、数字教育资源与国家智慧教育平台

主持人：国家智慧教育公共服务平台和数字教育资源是什么关系？我们该怎么去理解这个平台的建设？

李玉顺：我认为可以从两方面来理解，第一个方面，这个平台以教育数字化战略行动为背景，重点是推进教育业务的深度融合，在这个平台中，数字资源形态与先前同类工作相比，其业务性融合特征非常明显，涉及德、智、体、美、劳、课后服务、教师发展等板块，这些都深刻地贴切于当下素养导

向的新课程改革及常态化教育教学业务需求；第二个方面，随着这些年"互联网＋"进程下的教育数字资源发展，资源服务日益丰富，到了平台体系建构的发展阶段，需要将多层级教育行政部门资源平台以及社会资源有效地汇聚起来，形成统一路径，促进资源供给普惠化、资源服务定制化，以更好地服务于一线教师实践场景的真实需要，满足场景化、动态化、差异化的实践需求。

柯清超：这个平台是我们国家实现教育数字化转型非常重要的一环。当前国家智慧教育公共服务平台分成四大块，基础教育、职业教育、高等教育和大学生就业。前面三块都是以优质教育资源的汇聚、有效的管理和供给为基础的，也就是说，整个数字化公共服务依赖于数字教育资源的汇聚和供给。所以平台建设的第一步工作就是汇聚各个学段海量的优质数字教育资源。这些资源与整个公共服务平台密不可分，是整个公共服务平台的基础。

六、数字教育资源发展面临的问题与解决路径

主持人：请问两位教授，就你们的观察来看，目前教师们在掌握和运用数字教育资源的过程中，还存在哪些方面的问题？该怎么去解决？

李玉顺：第一个方面是教师怎么获得有效的、高可用的教育资源。不同教师所处的学校环境不同、区域的条件不同、教学文化不同，对资源的需求具有差异性，在获得有效的资源方面能力表现也就不同。

第二个方面是教师有了资源以后，如何去理解教和学？如何用数字资源赋能教和学的创新？这是因为数字资源作用于教学系统后，既服务于教学，服务于知识传授效能的提升；也服务于教学创新、师生关系的重构，促进课堂变教为学的实践，助力课堂走向以学生为中心的教学生态。

第三个方面是现代课堂教学高质量发展越来越指向学生的发展，所以重要的一点是课堂教学如何兼顾学生知识获得、能力提升和素养发展。在这一语境下，教师教学设计能力要发展为学习设计能力，也就是说对教师教学创

新性能力的要求日益高涨，这对教师来讲是具有挑战性的。

柯清超：我们国家这几年也在持续推动这方面的工作。全国所有中小学教师都要参加的信息技术应用能力提升工程，现在已经进展到 2.0 阶段了。这项工程要对每位教师掌握应用信息技术的微能力进行考核，这对教师转变观念，提高教学能力是非常重要的。

七、数字教育资源前景展望

主持人：最后想请两位教授再展望一下，在理想状态下，如果很好地运用了数字教育资源和数字教材，会给课堂教学或者说大范围的教育教学带来什么样的改变？

李玉顺：我期待的理想状态，一方面是对于学习者来讲，真正能够实现人人、时时、处处可学，这是终身化的学习愿景。另一方面，在国家优质教育资源的创生和共享的实践进程中，我们正处于高质量教育体系建设的阶段，因此利用优质教育资源去增强优质教育体系的共建共享，形成更有效的机制，还具有广阔的发展前景。

柯清超：我的期待是数字教育资源能够成为发展新型教育模式的重要支撑和创新动力，推动"课堂革命"，助力我们未来实现面向人人、适合人人的智慧教育愿景。

扫一扫，观看访谈视频

发挥人工智能教育和创客
教育作用　赋能教育发展

——访尚俊杰、傅骞

尚俊杰

北京大学教育学院长聘副教授、研究员。曾任北京大学教育学院副院长，现任学习科学实验室执行主任、基础教育研究中心副主任。主要研究领域为游戏化学习（教育游戏）、学习科学与技术设计、教育技术领导与政策、信息技术教育等。承担国家自然科学基金、国家社会科学基金、教育部人文社科一般项目、北京教育科学规划等10余项国家和省部级课题，发表学术论文80余篇，出版多部教材著作。

傅骞

北京师范大学教授，教育学部教育技术学院副院长。米思齐开源团队创始人及负责人，长期从事信息科技教育的研究，重点关注物联网技术及教育应用研究、创客教育支持生态研究。主导的米思齐开源生态经过近10年的持续开发和应用，包括 Mixly 编程工具、MixGo 开源硬件、MixIO 物联平台三大部分，已成为中小学信息科技教育的重要支持工具，可以满足新课标下信息科技教育所有编程类实践的技术需求，在全球 100 多个国家和地区有超 200 万名用户。

一、人工智能教育、创客教育的概念与发展现状

主持人：人工智能教育是什么？现状如何？

尚俊杰：人工智能教育有两层含义。第一层含义是把人工智能应用到教育教学过程中，促进教育变革。比如现在用人工智能实现自动阅卷，自动批改考卷；再比如根据学生的学习行为数据自动发现学生的学习特征，继而进行个性化干预。第二层含义是让学生了解、掌握人工智能知识。比如在中小学开设人工智能课程，让学习者去感知人工智能，学习人工智能，在生活中应用人工智能。可能今天我们谈的更多的是第二层含义，比如在大中小学开设人工智能课程，让学习者掌握人工智能知识。

关于人工智能教育的现状，我认为现在社会各界对人工智能教育都非常重视。我国 2017 年颁布的《新一代人工智能发展规划》中明确指出，要实施全民智能项目，在中小学阶段设置人工智能相关课程。在 2022 年颁布的《义务教育信息科技课程标准》中，人工智能教育也是非常重要的一部分。在新的教材编写中，很多教材都把人工智能当成重要的模块撰写。总体而言，可以说是蓬勃发展、百花齐放的现状。

主持人：现在小孩子都开始学编程了，而且他们编程的水平还很高。那么，有多少学生可以达到针对某一项需求，可以提出创意并通过一个项目把它做出来的程度？

尚俊杰：目前各个中小学都在努力开设相关课程，但这些课程五花八门，也有一部分课程可能不一定属于人工智能教育，更倾向于编程。当然，编程跟人工智能一定是有关系的。我见过很多编程比赛中，有些四五年级的学生能力很强，比如他们可以通过编程让一辆小车自动识别道路，相当于自动驾驶。但对于全部中小学生来说，当前还是要进一步推广人工智能教育课程。

主持人：也就是在中小学阶段，更多是普及兴趣、打基础，让更多的学生在未来能够主动拥抱这项技术，使用这项技术。如果说人工智能教育在中小学

的时候还可以打基础，那创客教育是不是可以理解为是出于创新、创业的目的而在大学时期开展的活动？在中小学时期为什么要开展呢？目前是什么状况？

傅骞：创客教育在不同的语境下具有不同的意思。我们现在所推崇的创客教育本质上是一种教育理念。刚才说的创新、创业关注的是创新。其实我们一直在学各种各样的东西，包括人工智能等等，我们的学习需要达到什么样的目标呢？我认为创客教育的理念就是要让学生觉得创新和分享是一件非常开心的事情，并坚持做下去。

为了达到这样的目标，需要借助什么手段呢？那就是技术，比如人工智能技术。小孩子为什么喜欢玩积木？因为通过拼拼叠叠可以做出很有创意的作品。创客教育，就是在各种技术的帮助下，让小孩子迅速地体会到创新和分享是一件很开心的事情。而且创新和分享是相互促进的，小孩子做出创新的东西去分享就会得到别人的赞赏，之后他就会继续去创新，所以说两者是相互促进的关系。

小孩子有很多创新的想法。有一次在课上，我们给每人发一个遥控器，他们就说想用遥控器来控制地球反转，这就是他们天马行空的想法。

我们要把天马行空的想法引导到可以实现的基础上，因为想法没有用，做出来才有用。我们要引导他们，只有想法借助技术变成现实了，下次他们才会继续创新。

二、人工智能教育、创客教育如何赋能教育发展

主持人：人工智能教育和创客教育的现状是什么样的？我们一起到温州乐清看一看。

> 创客教育在乐清不仅是三年来共计 800 多万元的投入，96 所中小学创客空间基地的建设，以及超过 6 大类别 100 余门创客课程的开发，更是让孩子们在创客教育中找到认知事物、改造世界、憧憬明天的钥匙，打开了

一扇通往未来的大门。

在乐清市学生实践学校，来自柳市镇第三中学的学生已经跃跃欲试，即将开启一次难忘的创客之旅。乐清市学生实践学校王艳老师介绍，创客教育基地建设的运行模式是"1+X+Y"，"1"就是1所总校，"X"就是5所分基地，"Y"就是18所校内小基地。这些在未来还将不断增加，开设这么多基地目的就是让学生就近参加综合实践。学校从2011年开始，接待了50多万名学生，开办了20多门课程，整个乐清市基地建设是100多门课程。

创客教育基地的建设，辐射区域的不断扩大，即便是硬件设施不够的学校，也能让学生在各大基地里享受到创客教育的精彩。当然，学校更提倡和践行让学生能够在校接受创客教育，即使是在偏远的农村。

北白象镇茗西学校学生李夏慧说："虽然我们在农村学校读书，但是我们课余时间最喜欢去的地方就是创客空间，这个地方就像是为我们量身打造的一样，为爱动手的同学们提供了一个创新的天地。"教育的真谛在于人人平等，在乡村、在城镇，我们都希望学生能够领略创客教育的独特魅力。

主持人：两位是不是可以再进一步谈谈人工智能教育和创客教育怎样赋能教育的发展？

尚俊杰：刚才讲人工智能教育有两层含义。从第一层含义来说，把人工智能应用到教育教学变革过程中的作用非常大，比如自动阅卷、个性化学习等等。我们都相信在人工智能等技术的支持下，教育一定会发生翻天覆地的变革。千百年来，我们都希望实现因材施教、个性化学习，但是出于种种原因我们很难做到。坦率地说，就算是给一名学生配一名教师也不一定能实现，因为教师并不一定有足够的智慧了解学生的所有问题。但是如果借助人工智能就可以集合千百万名教师的智慧来帮助学生，可能有望实现个性化学习。

从第二层含义来说，开展人工智能教育，开设人工智能教育课程的目标不仅是让学生学会一些编程的知识，因为我们知道，未来不是所有的学生都要去编程，都要成为程序员。所以不仅是编程，还要培养学生的计算思维。

所谓计算思维简单说就是，用计算机思维去发现问题、分析问题、解决问题，这是一种能力。另外还有合作能力、创造能力、问题解决能力，以及社会态度、社会责任，如人工智能的伦理问题、刷脸会不会涉及隐私等等，都是人工智能教育所包括的方面。

人工智能不只关注技术，还要全面培养学生。我们国家人工智能教育的目标就是希望通过人工智能教育更多地培养学生的计算思维、解决问题的能力、创造力、社会责任等，而这些能力会帮助下一代成长为更适应未来智能社会的拔尖创新人才或者合格人才。我们可以想象，一二十年后的社会跟现在肯定不一样。我们现在开展人工智能教育能够帮助他们更好地适应未来社会。同时，学生具备人工智能素养以后，能在学校更好地应用人工智能。所以从这一点来说，开设人工智能教育课程可以促进教育现代化早日实现。

主持人：我想您讲这些的时候，其实也大大拓展了学生、教师和家长的思路，这是一个跳出技术看技术，超脱技术来看技术的事情。您说的人工智能教育，它其实是一个很宽泛的范围。

如果我们也用这样的眼光、这样的范围来看创客教育的话，会看到未来很长远的一个景象。我们现在提倡创新型的社会，在中小学阶段就要在学生心里种下创新的种子，培养他们创新的能力。

傅骞：我们要用创客教育的理念赋能教育，最核心的是这个理念能够落实到各个课程中。创客教育本身是一种理念，而不是一门课程，是要在各种各样的课程中落实的教育理念。原有的课程已经有一些自己的范式，所以现在做的创客教育基本上都是以校本课程的形式去开设的，这就是创客教育的载体。

将其融入现有的课程里是我们的目标，但是现在还做不到。现在有个很好的契机是新的义务教育信息科技课标颁布了，特别强调创新和分享。让学生养成创新和分享的习惯，而且分享本身对现在社会非常有意义。

强调分享的意思是我们的年轻一代要开始去做开源软件，这样不仅是我们用国外的东西，国外也要用我们的东西，这是一个双向的过程，所以我说创客精神很重要。

主持人：沿着刚才的思路，创新更多的是一种思维方式，是一个理念。

傅骞：创新的确不仅是技术的，还包括我们说的各种各样的模式，商业模式、班级管理模式，都有创新。但是，只有创新是不够的，还需要行动力把它分享出去。创新和分享缺一不可。

三、人工智能教育对师生提出的新要求

主持人：人工智能教育对师生提出了什么样的要求？

尚俊杰：首先，教师一定要高度认识到人工智能对于教育教学的重要性。要全身心拥抱人工智能，这一点不是很容易。在生活中我们经常可以看到人们对技术的质疑，比如我们把计算机应用到教育中，就会有人质疑计算机真的能提升学习成效吗？我们把互联网应用到教育中，仍然有人会怀疑互联网真的能提升学习成效吗？人类对技术一直有质疑。人类既需要技术又时刻担心技术。比如我们发明了火，但是整天担心着火；我们发明了汽车，又会担心出事故。人类和技术的关系非常复杂。

其次，所有教师可能都要去学习和掌握人工智能知识。不只是教师，应该说在智能社会到来之际，我们所有人都应该去学习和掌握人工智能知识。教师肩负着培养下一代的责任，更需要去掌握学习人工智能知识，然后把人工智能知识应用到教学中。对于专门讲授人工智能课程的教师来说更是如此，包括人工智能及其相关的学科、大数据、创客教育等等都是相关的。

最后，我个人认为对于人工智能教学，教师要特别注重把学习科学和游戏化学习与人工智能教育整合起来。学习科学简单说是研究人是如何学习的，以及怎样促进有效学习的。对于人工智能课程，包括机器人、创客、动手课程，要真正培养学生的计算思维，让学生学到相关知识，就要把学习科学应用与人工智能深入结合起来，研究学生如何学习人工智能知识，人工智能怎么促进学生学习。

主持人：我之前看到过一个令人担心的现象，有的教师在教技术的时候，会把整套流程设计得非常完整。教师在讲台上说学生第一步干什么，第二步干什么，然后学生其实自己是不用动脑思考的，跟着教师一步一步做，最后做出了一个完整的作品。这节课是由教师控制的，也是有成果的。但是有教师就会问教这节课的目的是什么？是让教师动脑、学生动手吗？不是这样的，可能结果不重要，把这个思考的过程交给学生才是目的。

尚俊杰：您说得非常对。学习知识很重要，但更多的是培养学生的思维能力和创新精神，让学生在面对新问题的时候能去思考，用创新的思维去解决问题。所以您刚才讲的这种教学方法实际上曲解了我们原来设计人工智能课程的目的，教学效果也就大打折扣了。

我觉得整个社会都应该好好思考一下，未来社会我们需要的是拔尖创新人才以及能用创新思维解决问题的人才，而且未来几十年一定是朝着智能社会发展的，那么当今学生如何成为拔尖创新人才？对学习者来说，也要努力去掌握人工智能知识，培养计算思维，用计算机或者用人工智能去创造性地解决问题。这是对这一代学习者提出的重要要求。

主持人：所以人工智能教育对教师学生都提出了更高的要求，大家要主动地去思考，这也是创客精神的一个精髓。

尚俊杰：对，创客精神和人工智能其实是相通的。

傅骞：一个问题的不同角度。

四、创客教育的精髓

主持人：傅教授，我们希望在未来建设创新型社会，而现在在校的中小学生到 2035 年时恰好是社会的中流砥柱。今天他们有没有形成创新型思维，就决定着我们未来能不能够建设创新型社会。所以，您认为创客教育的精髓是什么？

傅骞：创客教育其实有一个发展的过程。现在很多教师，包括校长有一个误区，觉得创客教育已经不流行了。我们不能用流行这个词来形容它。人工智能教育、创客教育，还有 STEM 教育，它们是同一件事情的不同角度。

我理解人工智能教育的核心是知识，在知识的基础之上要达到创新，分享之后就是创客。STEM教育是什么呢？我认为STEM教育是一种教学方法，它利用跨学科的探究式项目传递知识。但是一门课程它可以以人工智能教育为载体，来开展跨学科的STEM教育，最终达成创客教育的目标，这样就统一起来了。所以我们说创客教育的精髓是创新和分享。

五、人工智能教育、创客教育的未来发展愿景

主持人：两位教授对人工智能教育、创客教育的未来憧憬是什么，希望这它们能够达到什么样的目标？

尚俊杰：现在在大中小学开展人工智能教育，很多时候我们看到的是开设人工智能课程，当然也包括把人工智能应用到教育教学过程中。但是我们实际上是希望在人工智能的基础上，重新打造整个教育，实现理想的时时可学、处处可学、人人可学的学习型社会。我们培养适应未来智能社会需要的成千上万的拔尖创新人才和合格人才，这是我们最终的目的。我们的目的不只是开设一些课程，而是要培养一批人才，这是我们的长远目标。

傅骞：我的愿景是希望把创客教育的理念有效地融入学校的各门课程中，包括现在融入得比较好的信息科技课、综合实践课。我希望以后学生在每门课都有收获，会说自己在这门课上做了一个有意义的东西。

主持人：特别希望通过人工智能教育和创客教育，让学生都有创新的意愿、创新的想法，能有执行力、懂技术、懂伦理、懂法律，还能把它实践出来，最后再愿意分享给更多的人，这是我们大家共同的愿景。非常感谢两位，希望在未来，人工智能教育和创客教育能够更好地赋能教育本身，为建设创新型社会提供人才保障和智力支持。

扫一扫，观看访谈视频

提升教育数字化治理能力
实现教育高质量发展

——访童莉莉、吕明杰、李兵

北京师范大学教育学部副教授，教育部教育信息化战略研究基地（北京）副主任，互联网教育智能技术及应用国家工程研究中心－教育数字化治理实验室主任，中国互联网协会智慧教育工作委员会副主任委员。研究方向为通信/互联网共性关键技术、数据智能与区域教育治理、教育社会实验。主持科技部国家重点研发计划、国家自然科学基金面上项目、国家高端智库重点研究项目等多项科研项目。

童莉莉

之江实验室智能社会治理研究中心高级研究专员，副研究员，人工智能学会计算社会与智能社会专委会委员、中国计算机学会科普工作委员会委员，"智能社会治理网"主编。以智能社会治理、教育学、传播学为主要研究方向，长期关注科技与社会耦合发展关系问题。主持和参与多项国家级、省部级研究课题，在重要报刊、中文核心期刊、传媒专业期刊等发表论文数篇。

吕明杰

安徽省芜湖市教育局副局长。长期从事基础教育工作，有 25 年学校和市局教育教学和管理工作经历。分管教育信息化工作，积极探索智慧教育课堂教学变革，形成了基于大数据的"人工智能＋教育"因材施教智慧教育建设"1452"芜湖模式，全力打造具有区域特色的教育数字化转型芜湖品牌，并取得了初步成效。

李兵

一、教育数字化治理的概念与背景

主持人：教育数字化治理的基本概念是什么，可以跟我们分享一下吗？

童莉莉：教育数字化治理是有整体工作制度规范要求的。从学术界的角度来说，教育数字化治理基本上有几个要点。

从"互联网＋教育"的教育具体问题出发，运用以人工智能和5G、物联网等为核心的数字技术集群，来解决教育中的新需求，从而实现从过去的政府管理到未来的多元共治的高质量教育体系的教育数字化治理进程。从国际上来说，2021年11月，联合国教科文组织发布了一个重量级的面向2050年的整个教育生态重构的重要报告——《一起重新构想我们的未来：为教育打造新的社会契约》。其中最关键的就是数字教育如何接受数字技术的核心变革，期待全球能够形成探索的路径。数字化治理是我国找到的一个核心切入点。从国内政策背景上来说，教育部2022年工作要点里也提出了实施教育数字化战略行动。其中两个重要的载体，一个就是国家智慧教育公共服务平台，另外一个就是国家智能治理公共服务平台，也是我们今天的话题核心。

主持人：要实现教育领域的数字化治理首先要有政策背景，同时还要有技术支持、产业基础。那产业基础是什么，现在的技术已经达到什么样的程度了？

吕明杰：人工智能技术是全球热门的、对人类未来发展具有重大影响的技术。在我国，人工智能技术有更特别的含义，在国务院2017年发布的《新一代人工智能发展规划》当中，它更像一个产业集群，人工智能技术的应用和发展都已经被列入未来长期的规划当中。在教育领域，它与数字化治理、数字化应用结合在一起。所以在产业基础上，可以说我国目前是全球智能技术应用最为广泛的国家之一，我们所面临的应用和治理问题是进入了无人之境，就是在人工智能应用技术上，我们已经于古无征，没有人可以去学习了，只能靠我们自己的实践经验去探索。所以从这个层面上，其实教育的智能化治理是我们这一代教育界教育治理人士面临的一个具有时代意义的重大问题。

在产业背景之外，讨论教育数字化治理问题还离不开对社会生活环境基础的认识。从学习者和教师本身所处的社会生活背景来看，人们接收信息的方式发生了巨大变化，对知识的定义、教育的理解也发生了变化。这对教育治理方式提出了新的挑战。这是我认为的社会生活层面的背景。

二、案例：教育数字化治理的芜湖经验

主持人： 在这样的生活背景、产业背景和政策背景之下，这几年教育领域的数字化治理已经取得了非常好的成果。我们先了解一下芜湖现在做了哪些工作，取得了什么成果。

基于大数据的"1452""五育"并举芜湖模式，即依托互联网＋教育市级大平台，打造1个大数据赋能超脑中心，汇聚学生、家长、教师、管理者4类主题数据，围绕智慧教学、智慧学习、智慧文化、智慧生活、智慧管理5类场景，强化2项支撑总集成、总服务，创新教育服务和治理方式，实现学生德智体美劳全面发展的教育模式。大数据超脑中心通过智慧教育平台应用系统，采集全市中小学生全场景数据，通过"五育"并举，区域教育数字资源中心、区域智慧教研服务中心、各类应用系统服务中心采集涵盖学生个体基本信息，及其德智体美劳全面发展的过程性数据和视频数据，形成学生成长电子档案。采集教师在日常教学、教研活动、培训活动、班主任工作等各方面数据，发现区域学校、年级、学科多层次教师群体的共性特点和属性差异。采集家长在芜湖智慧教育平台上的活动轨迹及关注热点的数据，形成家长个体和群体数据库。同时采集分散在教育系统不同层级、不同部门的数据，为教育教学及治理工作提供感知、测量、判断、评价、预测和决策依据。

主持人： 李局长，芜湖发展到今天这样的水平都做了哪些工作？

李兵：安徽的教育数字化治理以智慧学校建设为抓手，早在 2018 年就出台了《安徽省智慧学校建设总体规划（2018—2022 年）》，即到 2022 年要实现教学点智慧课堂全覆盖，乡村中小学智慧学校建设全部达到要求，城镇中小学基本建成智慧学校。按照这样的总体思路，芜湖市做出了"两步走"的战略部署。第一步，加强建设，我们制定了基于大数据的"1452"芜湖模式。"1"就是要建设一个以市级数字基座和智能中台为支撑的覆盖全市的"互联网＋教育"的智慧教育大平台。"4"就是坚持以人为本的原则，服务于教师、学生、家长和管理者。"5"就是应用场景，我们在智慧教育教学、智慧学习、智慧生活、智慧文化和智慧管理的 5 大场景得到充分应用。"2"就是总服务、总集成两项支撑。第二步就是注重应用，我们出台了"皖美教育""智学芜忧"的芜湖应用方案。皖是安徽的简称，芜是芜湖的简称。我们通过方案的实施和落地实现学校自治，让管理更高效；教师智教，让教学更精准；学生智学，让学习更具个性；家长智育，让教育更加科学。从而让技术全面赋能教育，实现教育的高质量发展。

在数字化治理的过程当中，我们至少有三个方面的收获。第一，我们构建了更加智能化的教育治理模式。芜湖智慧教育大平台上接国家和省相关平台，下连各市、区、县和学校的平台，形成了应用、监管、教育、教学、教研和用户数据画像的大数据系统。在此基础上，我们也创设了芜湖教育的数据标准体系。根据这个标准体系，我们对学校教师和学生进行了标准化评价。我们借助大数据的分析能力，形成了有价值的数据报告，对教育教学和治理提供了有力的决策依据。

第二，我们构建了一个更加优化的数字教育资源的供给模式。在数字教育资源建设方面，2018 年，我们开始实施了"阳光云课"工程，主要是加强课程建设，在全市遴选最优秀的教师，按照教材现有的体系录制优质教学视频，实现师生伴随式的教与学。我们的数字教育平台目前拥有优质课程达到 200 多门类，优秀的教学视频达到 6000 多节。借助广播、网络进行全面推送，让数字资源实现全覆盖应用全场景和学习全时空的智慧教育服务。即使是偏远乡村的学生也可以同样享受城市的优质教育资源。

第三，我们构建了一个更加开放灵活的教育体系。我们的数字教育治理服务于幼教、基教、职教、特教，包括校外教育和国防教育各大门类，我们还把数字教育数字化治理与数字芜湖相结合，共融共建。

主持人：芜湖接下来又有什么样的规划？您觉得面临的主要问题都有哪些？想要怎么解决？

李兵：在教育的数字化治理过程当中，我们也发现了一些问题。第一是学校的基础设施建设已经达到一定水平，应用的问题就凸显了出来，我们存在着"重建设轻应用"的问题。第二是教育数字化治理要坚持以人为本，坚持技术赋能。在数字化治理过程当中要注重把技术与人本相结合，坚持把技术赋能和以人为本有机结合起来。

主持人：那我们如何看待芜湖这几年的探索路径？

吕明杰：芜湖探索路径正式体现了人工智能技术应用的交叉性特征。教育专家正走向数字化治理专家，教育专业的教师不得不去深刻理解数字技术，再把它应用到、赋能到教育产品上。此外，我想强调教育的数字治理要不忘初心。这个初心是什么？是以学习者为中心，以教师为中心，要以以人为本的原则和宗旨来进行教育数字化改革，这一点非常关键。数字技术始终是个工具，我们要赋能教育，不能为了数字技术而数字技术，不能为了实现数字的先进性，而忘了为什么要进行数字化治理的改革。

三、教育领域的数字化治理可借鉴的行业经验

主持人：其他领域的数字化治理有哪些经验是教育行业可以借鉴的？有什么建议吗？

吕明杰：教育行业的数字化治理确实看上去比其他行业略微起步晚了一些，做教育数字化的教师同行们都非常熟知的一句话是乔布斯之问——为什么数字化技术、信息技术对各行各业都产生了巨大的影响，而对教育的影响却非常之少。其实我也经常去反思这句话，但是我有两点不同的意见。第一

点是教育本身它应该有应有的保守，教育的目的是育人。在新技术采用上，教育应该是谨慎的，这是应有的保守性。第二点是数字化技术对教育产生的改变真的如乔布斯所说的改变之少吗？其实我觉得也没有。数字化技术还是潜移默化地影响了教育本身。目前的数字化改革当中，教育系统是更加主动地去拥抱数字化的整体提升。教育生长在行业环境当中，受信息技术影响也受全行业的影响。关于其他行业对教育行业治理的影响，我有一点小的建议，芜湖目前在应用场景的建设上我认为已经非常先进了，有一个方向上的考虑就是跨场景的应用，能不能使教育与其他社会资源进行更深的结合？比如学情预警类的人工智能产品，公安的数据、卫健的数据、住建的数据是不是都能共享给教育？教育系统有未来人口的居住预测，然后才能对新的教学点的选址、教师资源的配备有提前的安排。教育场景中的教育治理不能仅基于教育行业本身，更多的还是要结合其他多部门，它是跨多部门的产物。这也是我从芜湖的案例中得到的启发。

四、教育数字化治理的现状

主持人：关于教育数字化治理，近几年我们国家做了哪些工作？

童莉莉：教育的数字化进程，我们定位为安全和发展导向并重。在国家整体的数字中国建设的大布局下，教育行业一直沿着两条路径在推进工作。第一是自下而上的，也就是从实践的探索到理论的集中。第二是由点到面的，也就是国家智慧教育公共服务平台，以及国家智能治理服务平台。所以通过自下而上、由点到面这两条路径，教育的数字化进程在安全可控、稳定可持续的环境当中往前推进。

主持人：就您目前的研究来看，您觉得现在存在的主要问题都有哪些？可以从哪些方向来探索？

童莉莉：在整个教育数字化治理的进程当中，我们已经看到了五个主要问题。

第一个问题是教育数字化的内容已经从过去的单一的教师导向、教材导向变成了众筹众创的导向。所以需要更多的治理手段来跟进内容的健康度以及育人的科学度。第二个问题是线上线下融合的情境越来越多地发生，所以个人信息的线上保护也是我们关注的核心。第三个问题就是商业领域、消费互联网领域中，多是 To C 端的（直接为消费者提供产品和服务，消费者愿意即可），但是在教育界，我们要更多关注它的育人导向。所以在整个数字化产品服务于教学和管理两条主线的时候，我们需要保证它是育人导向的，而不是纯商业导向的。算法的治理是我们关注的一个重要方向。第四个问题就是对学生的评价正在进行系统性变革。过去更多的是对学科学业情况的评价，现在更加关注借助智能手段，借助校园、家庭、社会等等一些智能化设备采集的可行性，以及关注学生健全人格培养的更科学的路径。第五个问题是国家和政府更多的是做顶层设计，所以今天的讨论有意义的一点是学界要拿出自己的担当。我们联合了兄弟院校和研究机构正在做独立的，或者说更可信、更可持续的教育数字化治理的风险监控的综合监管平台。

对解决这五个问题的探索也有一些初步的阶段性成果跟大家共享。

第一是在整个内容的准入标准方面，包括数字产权的保护问题，教育部出台了相关的内容准入标准。我们在大框架下对由点到面集成到这个平台上的内容做系统化的梳理。

第二是个人信息保护方面，北京师范大学联合中国信通院等一些专门做个人信息保护的机构，对于教育行业学习者，尤其是未成年人群体的在线学习过程中的基本信息、学习行为信息，都在做更多的可溯源的信息传播的关键技术的攻关。

第三是对教育类软件产品的算法监管，过去更多掌握在开发者和广大产业界领域手中，并且可能不太对外开放。目前我们通过治理手段在进入中小学校园的硬件产品和软件产品的底层算法中加入教育专家的对于教育规律的理解。

第四是学生认知评价方面，我们在学生健康成长的路径当中，针对他的同伴交往、心智发展的规律等等加入很多多维评价指标。这些指标的实现和可采集都有赖于智能技术和数字化技术的迭代。这些技术的攻关最终将通过风险研判、政策出台前的反复论证，变成一个政策治理的研究支持。

主持人：我们看到芜湖在过去的四年中，硬件基础设施建设已经完成了，可能接下来的工作重点就是怎么用好它了。是这样的吗？

吕明杰：从自上而下的路径来说，这个在过去的数字化信息化建设中比较成熟，是政策先行，产业技术先行；自上而下的规划，是顶层规划设计先行。应用的部分，就是自下而上的路径，这是我们过去不太有经验的，或者说是没有更多的精力去培育的部分。未来确实应该在应用上多发力。应用依赖于全社会的数字化进程，就是说我们在学校里推动数字化的应用还要得到家长的认可和支持，还要做好教师自身的数字化素养的培训。具体的应用场景方面，我们已经积累了很多数字化的学生行为、学习效果。各种大数据沉淀对于我们掌握教学规律、提高教学效果，其实都有诸多帮助。国际上对教育技术的理解更多注重人机交互效果，这个可以借鉴。

五、教育数字化治理的新期待

主持人：您认为理想状态下的数字化治理是什么样的？

李兵：我想理想状态下的教育数字化治理应该是数据的无感知采集、全体系的汇聚、精准化的提炼，让数据有效地服务于决策。同时在开展科学高效安全的数字化治理过程当中，实现教育的减负、增效、提质的目标，推动教育的高质量发展。

童莉莉：从我的角度来说，教育数字化治理的理想状态有两个标志性的表现。第一个是从现在的政府管理走向多元共治。也就是政策稳定、技术灵活，未来能从过去的行政管理体系发展到更多地引入产业界的开发者和教育数字化整体服务的使用者，比如家长、学校、教师、科技场馆等等。所以从政府管理到多元共治，应该是教育数字化治理整个宏观体系构建的一个未来的大趋势。

第二个是能够在政策的稳定体系下，允许实现多元灵活的技术方案。我们既关注过智慧教育示范区，也关注过乡村区域，乡村区域能够允许的技术接入的方案是多元化的。所以我们期待能够在政府多部门协同的稳定的政策体系下，在全国形成方案灵活的教育数字化的技术体系。

吕明杰：第一，我认为教育数字化治理的关键词是以学习者为中心。这个学习者是终身学习者。可能未来的社会变化不仅仅面向 K-12 教育，而是一个以终身学习的学习者为中心的教育社会治理体系。第二，发展性。这个发展性包括个人和个人从教师到学校，到校外培训机构，到青少年的机构的发展，以及整个教育系统组织对社会发展的自适应的宏观架构。第三，善治。在治理层面，以良好的治理为目标，更关注治理的效能，进行多元共治是善治的核心问题。不仅仅是各行各业的介入，学习者、教师和终身学习者都应该参与其中，从个体到机构都应该参与到教育系统的生态治理环境建设当中。

主持人：谢谢三位。现在整个社会都在推行数字化治理，当然教育领域的数字化治理既有共通的技术基础，也有它的特色之处。希望我们今天的分享能对各位教育管理者和一线教师有一些借鉴和启发。

扫一扫，观看访谈视频

构建智慧教育新生态
推动教育优质均衡发展

——访吴颖惠、缪雅琴

北京市海淀区教育科学研究院党总支书记、院长。2021—2022 年度海淀区"三八红旗手"。中国教育学会理事，北京市教育科研带头人，北京师范大学兼职硕士生导师。多年从事中小学教育科学研究、信息技术教育应用研究。

吴颖惠

长沙市教育局原党委委员、副局长、二级调研员。中国教育学会理事、教育部综合素质评价专业委员会委员，湖南省人民政府督学。长期从事基础教育事业，先后主持长沙基础教育改革试验、教育质量综合评价改革实验、智慧教育示范区创建等重大改革项目，主持并参与教育部重点资助课题、中央电教馆重点课题、湖南省重点资助课题等，主持的教学成果获 2022 年基础教育国家级教学成果奖一等奖、二等奖。

缪雅琴

一、智慧教育的概念

主持人： 两位多年从事教育教学研究和管理，我想先问问，智慧教育到底是什么样子的呢？

吴颖惠： 智慧教育的确是打破了原有教育中口耳相传的形式，智慧教育是指更加生动的、更加鲜活的，能够将音视频和文本结合在一起的互动的、人文性的教育。

缪雅琴： 我认为智慧教育不仅仅是一个技术的概念，而应该是以信息技术为支撑的一种新型的教育模式。它随着人类社会智能化的发展而逐步形成，是一种全新的教育生态。智慧教育应该有实体的教育教学环境，也应该有虚拟的教育教学环境，虚实结合、相互驱动、同频共振，赋能教育教学，推动教育的创新和发展。

二、智慧教育赋能教育发展

主持人： 智慧教育发展到今天，它给现在的教育带来了哪些方面的变化呢？

吴颖惠： 智慧教育其实是教育信息技术在课堂教学中的一个应用，它已经引起了教育从体系到教育教学方式和模式的一个全方位的变化，也引起了学习方式和教学方式的变化。最重要的是，智慧教育进入学校教育，它带来的是教育资源的极端丰富性，和教学过程的简便性和便捷性，同时它将大量的人工智能和大数据技术支撑下的教育资源引入课堂教学中。包括我们所能够看到的教育教学的变化、教育评价的变化，这都是人工智能技术支持下的智慧教育给教育教学带来的变化。

缪雅琴： 我认为智慧教育的深入推进将推动育人方式的创新和变革，带来教育教学的结构和形态的转型。智慧教育的初级阶段是教育要素的变革，下一步带来的应该是教育形态的变革，未来应该是教育生态的重建。在这种背景下，学习场景更加丰富，教育教学手段更加多元，教育形态更加生动，基于大数据的精准教学和教育治理将成为教育教学的一种常态。这推动了德智体美劳、教学管评测全方位、全链条的系统性变革。

三、案例：长沙利用网络学习空间构建教学新样态

主持人：智慧教育现在是怎样在实践中发挥作用的？接下来我们就到长沙去看一看。

近几年来，长沙全面构建融合创新、交互共享的智慧教育体系，赋能教育高质量发展。

教育生态之变。全面建设并常态应用网络学习空间，构建智慧教育云平台，全面构建虚实结合的融学习、生活、工作、决策于一体的教育教学环境，以空间为载体和纽带，聚合各类教育应用，实现互联互通。构建长沙教育数据底座，全面推动教育政务服务集群智能联动，让数据多跑路，让群众少跑腿。

育人模式之变。推动人工智能与学生全面发展深度融合。构建"五育"并举新的教育服务体系，加强智慧校园建设，构建新型学校样态，推动移动终端进课堂，赋能"双减"落地，以智慧研训平台为基础，推进远程研训和精准教研，同时，开展未来教师培育计划，释放教师的研究力，以"三个课堂"为载体，助推城乡教育高质量均衡发展，释放乡村教育的均衡发展力。

教育评价之变。通过网络学习空间汇聚课堂教学、在线学习、综合实践、体质健康等教育教学全过程产生的数据，创新学生德智体美劳过程性评价，构建学生数字画像，帮助学生全面发展、个性张扬，引导学校和社会树立科学的教育质量观。长沙将进一步发挥好智慧教育助力教育变革的重要引擎作用，支撑长沙教育高质量发展。

主持人：我们可以看到长沙市在创建智慧教育示范区的过程中着力于以网络学习空间构建智慧教育新生态。现在全国的教育系统都在推进教育新型基础设施的建设和教育数字化的转型，长沙在这方面有哪些具体的做法？

缪雅琴：长沙2019年获评全国首批智慧教育示范区，我们以此为契机，实施智慧教育三年行动计划，制定长沙的数字化发展"十四五"规划，希望通过全面推动教育数字化转型来支撑教育的高质量发展。基于这些规划，我们构建了人人通空间的五级应用体系。长沙的人人通空间，从纵向看，有教育行政部门、学校、年级、班级、个人五级空间；从横向看，有教师、学生、家长，还有教育机构的空间。人人有空间，校校皆运用。普及空间在长沙常态化应用是第一个方面。第二个方面，我们以空间为载体，来构建长沙的智慧教育云平台。我们统一了长沙的数据标准，打造了长沙的数据化底座，完善了长沙的空间功能，让空间能够通资源、通管理、通应用。以空间为载体和纽带，融通了学位管理、体质健康、教育教学、作业管理、课后服务、队伍建设、教育评价、督导评估，以及政务服务、校园安全等应用系统。我们也同步协同了数字资源管理局，连接了公安、人社、卫健、民政、残联等部门的应用系统，建设了长沙横向互联、纵向互通的长沙智慧教育大平台，为数字化转型奠定了坚实的基础。第三个方面，基于这个平台，我们开发了"长沙智慧教育"应用程序，基于人人通空间为教师、学生、家长，不仅提供电脑端的服务，同时也提供移动端的便捷的空间访问和服务。第四个方面，依托学习空间和应用系统，构建数据采集、分析、应用体系，进行大数据分析建模，用数据说话、重数据评价，依数据决策、谋数据治理，引导教育回归本源，很好地支撑了长沙教育的数字化转型，支撑了长沙教育的高质量发展。

四、案例：北京海淀区分阶段推进智慧教育发展

主持人：接下来我们一起到北京海淀看一看，他们是如何推进智慧教育的发展的。

海淀区智慧教育建设伊始，就确定了"教育光缆专网""智慧校园无线网络班班通""智慧教育视讯平台"一网一通一平台的智慧教育建设三大基础工程，通过三大基础性工程建设，全面推动了海淀区智慧教育整体发展水平的全面提升。目前海淀区已形成学生、教师、学校、督导及诸多基于各种教育教学管理业务的应用与服务生态，进一步为提升海淀教育综合治理能力赋能，为海淀区智慧教育的深入、全面开展提供了立体化、精确化的有力支撑。

主持人：我们看到，海淀区充分利用了云计算、物联网等技术不断加强教育信息化的基础设施建设。请问海淀区是如何推进智慧教育发展的？

吴颖惠：我觉得智慧教育的推进是一个长期的工作，是分阶段进行的。海淀区在发展智慧教育的过程中，第一个阶段的工作是基础设施建设。最早我们在海淀区的整个教育系统建立了自己的视讯网，也建立了自己的光缆，还建立了自己的无线网全覆盖，这些都是基础设施的建设。在第二个阶段，我们做了大量管理平台的开发和建设工作，我们建立了海淀区教育平台、海淀区财务管理平台、海淀区大数据管理平台等。进入第二个阶段，我们发现教育信息化的推进必须在离学生最近的地方，我们就做了大量的智慧教室的建设和改造。所以现在我们把一些信息化的优秀产品，包括信息化的一些技术平台完全接到教室里，我们基本上对全区所有的教室进行了改造，将它们变成了智慧教室。所以我认为智慧教育推进的最重要的一环应该是智慧教室的建设。在智慧教室里，利用互联网手段和人工智能技术，能够让音频、视频和教师的口耳相传的讲解有机地融合，为学生提供一个生动的、鲜活的，甚至是虚实结合的、线上线下结合的课堂。到目前，海淀教育信息化进入了第三个发展阶段，就是个性化的发展阶段，由原来的海淀教育信息化统一建设转换为以学校为主体的个性化建设。所以我们鼓励学校在人工智能技术、大数据技术的应用中创造新的应用场景。

我认为教育信息化的发展在每个不同阶段有不同的任务，最终教育信息化的发展必须有利于学生，有利于教师，也有利于管理。

主持人：刚刚您提到了智慧教育的发展首先要利用技术做好环境和硬件上的建设，再让它去指导或优化软件方面的升级，带来教学方式的转变和内容上的创新，对吗？

吴颖惠：教育信息化的推进要注重应用，就是我们要着眼于需求和实际场景应用。比如说在管理方面，教育信息化能够使管理变得更便捷；在学生的学习过程中需要精准化学习；在教学过程也需要精准化教学，这些场景都需要大数据、互联网的支持和智慧学习环境的构建。

五、智慧教育如何赋能"双减"

主持人：智慧教育在"双减"工作当中能够发挥怎样的作用呢？

吴颖惠："双减"的基本思想是减轻学生的学习负担，同时也要保证教育的质量，这就要求教师在"双减"的过程中不断地探索新的教育方式，让学生在最短的时间内获得最有用的知识，让教育质量不降低。在探索"双减"下的新型教学模式的过程中，我认为智慧教育存在更大的发展空间，可以基于大数据实现精准教学，为学习者推荐更加精准的学习资源。比如海淀区在推进智慧教育发展的过程中建设了海淀区中小学资源网，或者叫海淀区中小学资源平台，这里面的资源对海淀区的师生都是免费的，学生可以随时学习。随着学生长时间在平台上查阅资源，我们可以再精准地推送一些资源，用智慧教育的手段辅助教师与学生开展精准教学。

缪雅琴："双减"是需要校内和校外双向努力的，但关键还在校内，所以如何让学生在校内学好、学足，从根本上来缓解教育焦虑，这是非常关键的问题。基于此，在探索智慧教育如何赋能"双减"的过程中，我们提出的口号是：智慧赋能、科学减负、提质增效、家校协同。我们以智慧教育为抓手，着力构建减负不减质的生态，学生减负，学校也要减负，教师也要减负，三方减负同步推进的生态体系。

具体是如何推进的呢？第一，深化教育教学改革，推进智能化的手段与学科教学的深度融合，实施精准化教学，过程化数据采集，数据驱动大规模因材施教。第二，优化作业管理和布置，聚焦作业时间、题量、难易度等，推出了长沙智能化作业管理应用系统，推进纸质作业的数字化转型，让教师能够精准指导、因材施教，让学生的个性化得到发展。第三，创新课后服务，构建学校、家庭、社会一站式的课后服务系统，加强课后服务课程的建设，让学生根据自己的兴趣、爱好自由生长，破除课后服务课程编排难、课时计算难、服务监管难等一系列难题，减轻了教师负担。第四，推进了智慧监管，对校外培训机构适时动态监管，对师德师风问题线索推行扫码举报，推动"双减"工作的落实。我们通过这四个方面的举措来缓解教育的焦虑，破解"双减"的难题。

六、智慧教育可持续发展面临的问题与解决路径

主持人：在推进"双减"的过程中，刚才两位介绍了智慧教育是能够发挥很大的作用的，特别是在精准推进方面。大家对于智慧教育的未来寄予了很大期望。目前来看，智慧教育可持续发展可能还面临着哪些问题和困难，又该怎么解决呢？

吴颖惠：智慧教育的发展是一个曲折的过程，比如，在开展线上教育过程中，我们可以说线上教育促进了智慧教育的发展，但是教育回归到校园，回归到常态化课堂后，智慧教育到底怎么用？智慧教育到底怎么发展？

我认为智慧教育的发展还是应用为王，在最需要的地方产生。比如说智慧教育一定要进入课堂，智慧教育目前在管理方面的应用已经普及，大家也都比较认同，但在教育教学过程中的应用还有很广阔的探索空间。关于智慧教育发展中存在的问题，第一个问题是我们到底怎么认识智慧教育，我们如何用技术介入课堂教学，介入40分钟的教学过程，包括我们在使用大屏、使用电脑的过程中，有哪些优势？又有哪些不足？现在也有一些争议。

比如电子产品对视力的影响会引起一些争议，而这一系列的认识层面的

争议，都会影响智慧教育的推进。第二个问题，智慧教育是一个需要经费支持的工作。各地的智慧教育的发展过程和水平是不均衡的。海淀区在智慧教育建设过程中分两步走，第一步先做基础建设，即统一建设工程项目，保证全区的中小学智慧教育的基础设施是完全统一的。第二步是走向个性化发展。第三步是在推进智慧教育发展的过程中，要做好资源和内容建设。

主持人：资源指的是类似优质课程的这种资源吗？

吴颖惠：一类是支持课堂教学的优质课程资源，另一类是支持学生学习的拓展类资源，比如让学生进行全学科的阅读，做一些科学的实验，这类资源其实是短缺的，或者说这一类的资源目前还存在着良莠不齐的问题，这也是建立国家智慧教育公共服务平台的原因。

主持人：结合长沙的做法，缪局长对这个问题有怎样的思考？

缪雅琴：智慧教育的推进确实是一个系统工程，我们在推进的过程中确实也遇到了困难、问题，在工作中我们希望通过点面结合、典型引领的方式来推进。我们设立了专项经费，开展了未来学校、网络学习空间优秀校等评选，希望通过机制体制的建设来扎实有效地推动这项工作。但是我们在推进的过程中也发现了问题，第一个方面的问题是教师的理念需要更新，信息素养有待提升，年龄偏大的教师往往习惯于原有的教育模式和方法，不能够很好地适应新的教学方式，不能够很好地利用新的技术和方法来推动教学模式的变革。长沙的绝大多数学校都有人工智能教室，人工智能教室对教师的研、对教学方式的改革，以及老教师带新教师都能够起到很好的作用，但是确实有一些教师不会用，或者说不太想用。第二个方面的问题是如何让应用系统实现互联互通。长沙打造了自己的数字底座，横向互联、纵向互通，通过我们的数字资源管理局与公安、民政、残联等行业部门进行了连通，但是真正要形成数字底座，它必须是上下一致的架构和体系。从这个方面看，不同的应用系统和平台，如财务、审计、教师培训等系统的归口不同，分属管理部门不同，要实现数据汇聚或互联互通，落实起来还是有些困难的。这些不同系统和平台的数据不在一个体系，如何确保数据安全也是一个问题。第三个方面的问题，平台和支撑体系要运营、运维，经费上就会有一定的压力。软件研发一次即可到位，但软件升级需要经费。另外一个是智慧课堂的推进，也就是说运用智能化手段来推进精准教学。学校公共资源建设经费都是由公用经费支出，但是学生的个性化学习资源还得要家长自主购买。这样势必影响智慧课堂的推进。这几个方面是我们在推进智慧教育工作中面临的一些困惑和问题。

七、智慧教育的发展前景

主持人：我们希望未来这些问题都能够得到很好的解决，进一步推动智慧教育的可持续发展。最后请两位向我们展望一下智慧教育的发展前景是怎样的？

吴颖惠：我觉得智慧教育说到根本，是技术在教育中的应用。技术的发展是飞速的，所以面向未来，智慧教育必然也有一个飞速发展的过程，特别是在元宇宙的概念提出来以后，营造一个虚实结合的、线上线下教育结合的便利的环境，将大力促进智慧教育的发展。我也相信在未来，儿童的学习会更便利，无边界的学习，在任何时间、任何时空环境下都可以随时进行的学习将是一种理想状态的学习。学习是根本的，智慧教育必须服务于学生的学习。

缪雅琴：智慧教育的深入推进，特别是线上线下融合的教育模式的常态化，支撑教育高质量体系的构建，必将推动教育现代化的进程，给教育带来非常多的发展机遇。基于此，我认为智慧教育的推进会产生很多新型的学校、新型的教学模式、新型的教育供给模式、新型的教育评价模式和新型的教育治理模式，将为我们探索教育问题提供新的路径和方法，推动教育的全方位变革和教育的高质量发展。

扫一扫，观看访谈视频

从传统教学到智慧教育 科技如何赋能教育创新

——访陈光巨、吴文峻、李华

陈光巨

北京师范大学校务委员会副主任、原副校长，教授。中国教育战略发展学会教育标准专业委员会理事长、中国高等教育学会教师教育分会常务副理事长，多年参与高等学校管理和教育教学研究，涉及教师队伍建设、本科人才培养、基础教育质量提升和智慧教育与学习等领域，组织并参与互联网教育产品的测评研究。主持或参与 30 余项国家级和省部级研究课题，获国家教委科学技术进步奖三等奖，首届全国教材建设奖（基础教育类）一、二等奖，两次获国家教学成果奖二等奖。

吴文峻

北京航空航天大学人工智能研究院教授，博士生导师，入选北京航空航天大学"卓越百人"青年人才计划。担任国家科技创新 2030 新一代人工智能重大项目总体组专家，国家人工智能标准总体组副组长，中国计算机学会青年科学家、工程师。主持 30 多项科研课题，发表论文 150 多篇。主要研究方向包括群体智能、大规模在线教育、AI for Science 等。

李华

重庆市沙坪坝区树人景瑞小学校党支部书记、校长、正高级教师。教育部信息化专家组成员，教育部基础教育教学指导专业委员会委员，中央电教馆智慧教育培训专家库成员，NOC 信息化教育创新校长。重庆市骨干校长，重庆市首批中小学名校长工作室主持人，重庆市"五一劳动奖章"获得者。

一、科技赋能智慧教育的现状

主持人：科技发展日新月异，我们特别希望新的科技成果能够转化、应用到教育领域当中，越快越好，越多越好。请两位教授说一说今天科技赋能智慧教育现状是什么样的，达到了什么水平？

陈光巨：我想用三句简单的话说说科技赋能智慧教育的现状。第一，由"示范"走向了"规模"。2018 年教育部就开始建立智慧教育示范区，到现在已经有 18 个示范区。实际上全国各地都在尽可能用智慧教育来推动学生的学习。第二，从"辅助"转向了"改变"。原来是计算机辅助教学，现在智慧教育进入各个教室、各种课堂，各个学校必将会有所转变。比如教与学的转变、管理模式的转变、学习个性化的转变。第三，从学校走向了全域，不仅学校在用，实际上社会各个领域都在用。各行各业也都在做数字化转型，如果全域都在利用数字化来进行教育、学习，按需学习以及终身学习就成为必然了。

吴文峻：当前信息化发展已经进入万物互联的一个全新的智能化时代。新技术的出现，比如元宇宙、虚拟人、知识图谱、机器人等等都为智慧教育的发展提供了很多新的动能，为实现普惠式的、个性化的智慧教育提供了全新的发展机遇。国际上将 2013 年称为慕课元年，那时候无论是国际还是国内的在线教育，特别是大规模的在线教育，还是件新鲜事。但是今天，无论是 K-12 教育的课堂，还是大学讲堂，都有大量的非常丰富的慕课资源在使用。学生也习惯于运用信息化手段来获取新知识，甚至开展虚拟实验、虚拟课堂、虚拟讨论室等。所以我认为目前技术赋能教育已经进入了一个全新的、普及化的、走向更深层次的教育重塑以及教育发展的新阶段。

主持人：李校长身在学校，可能对于科技赋能智慧教育有着更加直观的感受，总会有一些新的技术带来一些新的变化。您看到的变化是什么样的？

李华：当前以人工智能为代表的新一代信息技术正在从影响教育变革的外在推力转换为引发教育变革的内生动力。2005 年，联合国教科文组织将教育信息化划分为起步、应用、融合、创新四个阶段。当下我国的科技赋能智慧教育正在进入运用数字技术助力构建更高质量、更公平包容、更适合每个人、更开放灵活的教育新生态。

二、科技赋能智慧教育的应用场景

主持人：吴教授刚才讲到了现在科技赋能智慧教育的一些应用场景，您是不是可以更加详细地谈一谈都有哪些应用场景？未来还会有哪些新的应用场景？

吴文峻：实际上后台为了能更好地帮助教师完成教学任务，人工智能已经可以完成很多作业的自动批改。比如有些企业设计的产品会在阅读灯上安装自动摄像头，当孩子们完成了数学或者是语文作业的时候，摄像头对其自动识别后可以上传到云端，然后后端的人工智能会对作业的完成情况进行自动批改。这样大大减少了教师日常的作业批阅时间。

另外，很多在线教育工具的后台都有人工智能助教服务。比如在学英语或者其他外语的时候，当学生要纠正自己的发音，纠正自己的语法错误时，人工智能工具可以像教师一样，告诉你哪里发音不对，哪里语法有问题，然后提出相应的改进意见。

还有一些人工智能技术正用于测评学生的科学研究或者科学实验的能力。比如华东师范大学和一些企业合作，利用工具对上海地区中考的化学或者生物等课程的实验操作过程进行自动分析。通过现场学生操作的过程视频，评判这些学生是不是很好地掌握了实验要领，掌握了仪器操作的要领，从而给出科学的准确的评价。

当然，在今天我们还可以看到人工智能和元宇宙等相应技术的结合，可以支撑大、中、小学生在线开展各种各样学科的虚拟实验。

我们国家在 2017 年发布了《新一代人工智能发展规划》，从 2018 年开始陆续部署了科技创新 2030—"新一代人工智能"重大项目，其中关于教育的部分也有不少。希望这些前沿的人工智能研究能更好地服务大家、服务社会，让科技赋能教育走向新的发展高度。

主持人： 陈教授您观察到目前有哪些应用场景？

陈光巨： 其实应用场景挺多的。北京师范大学智慧学习研究院黄荣怀院长提出九大场域，比如从课堂到学校到学区，从家庭到社区到乡村，从场馆到工作场所到公共场所，都是可以应用的。

我再举一个实际例子，比如观察矿物、植物的内部细微结构，就可以通过人工智能或者 3D 模拟，以及虚拟或增强现实的办法实现。氯化钠，也就是我们常吃的食盐，它内部的结构到底是什么样子？书上画的和真正感受到的东西是不一样的。用 3D 模型把它建构出来以后，学生的理解就会更深。

主持人： 请您设想一下，您认为当年很难跟学生讲清楚、很难去描述的环境中，哪一个是您借助今天的技术最想再次描述的？

陈光巨： 晶体结构就非常需要，三维蛋白质的结构用今天的技术来展现就会更好。这些都跟我的研究相关，跟我的教学也有密切关系。

我一个学期要上一次结晶化学课，我都要用结构化学的模型把它展现出来。

三、案例：科技赋能智慧教育的"树人景瑞"模式

主持人： 接下来让我们一起到重庆沙坪坝区树人景瑞小学看一看，那里都发生了什么样的变化。

重庆市沙坪坝区树人景瑞小学立足学生信息素养，创新素养发展，开设了智能化航天飞行器、语音识别技术应用，物联网创意设计、传感器创新应用等走班实施的人工智能课程 47 门，建构了智慧课程资源。

主持人： 李校长，树人景瑞小学的变化是怎么样一步一步实现的？

李华： 近年来，树人景瑞小学抢抓教育信息化的发展机遇，走出了一条

科技赋能智慧学校发展的新路子，主要做法体现在三个"抓"上。一是抓空间建构，为主体赋能。学校通过搭建面向人人、服务人人的数字校园智慧平台，打通云、管、端障碍，为我们的学生、教师、家长、管理者开设学习空间，实现了一人一空间，人人用空间。基于空间，学生可以智能地选课、在线测试、个性练习、自主评价。教师可以查阅班级的学习报告，追踪学生个体学习轨迹，实施个性化指导。管理者可以便捷查询教师研修、学生轨迹、课堂实景等数据。家长可以实时了解孩子学习动态、成长轨迹等。二是抓素质融合，为管理赋能。学校基于智慧平台实施校园数据治理，汇聚学校课程系统、学习系统、评价系统、研修系统等数据，掌握教职工办公动态、学生学习行为和学校环境状态，全面实现了由粗放型经验管理向精准型数据管理转变。同时基于相关数据设计并应用教师成长数字画像模型，精准测评教师日常教学行为，适时推送研修资源和任务，帮助教师实现由普适性向精专型发展。三是抓人机协同，为质量赋能。学校充分运用智慧平台，常态实施以学科组、备课组为单位的众创式备授课。备课期间，组内教师通过线上与线下思维碰撞，共同解决信息技术与教学的融合问题，协同创生教学设计、微视频、习题资源，为学生的深度学习提供支架。授课期间，组内的教师轮流担任授课者，其他教师或外聘专家基于平台观课、议课。通过人机协同众创共研，提高了学校的教育教学质量。

四、科技赋能智慧教育对教师教学提出的新要求

主持人：我们再到宁夏石嘴山市去看看，科技为智慧教育带来了什么样的变化。

近年来，宁夏石嘴山市以人工智能助推教师队伍建设试点行动为契机，在全市范围内应用智能助教解决方案，将信息技术与课堂教学深度融合，推动智慧教育创新发展。依托智能助教解决方案提供的数字化微课资源，

教师角色从知识的单一讲授者转变为课堂的组织者，通过翻转课堂、融合课堂等模式，重构教学流程，提高课堂效率。课前给学生布置微课预习任务，课中进行集体纠错、师生提问、当堂训练，课后引导学生做个性化练习，加强知识巩固。在这个过程中，教师根据学情数据调整教学设计，令教学更具针对性，更加精准。创新的课堂模式，实现了以学生为中心的教学，学生的学习兴趣得到激发，学习方式也发生了改变。通过自主预习、小组合作、课堂展示等教学环节，学生的学习能力、合作探究能力获得提升，学校对学生核心素养的培养逐步落地。

主持人： 陈教授，您认为科技赋能智慧教育对教师提出了什么要求？

陈光巨： 我想品德行为和专业知识是教师必备的。但是在科技赋能智慧教育以后，我认为教师还要从五个方面提升。第一，教师应该是技术的拥抱者，他必须拥抱技术、拥抱科技。教师不仅要使用技术，还要通过大众创业的方式把自己的好的东西分享出来。第二，教师要成为终身的学习者。终身学习讲了很多年，大家也都说要终身学习。技术在不断发展，尤其学生也在不断成长、进步，所以教师要成为终身学习者才能跟紧时代发展步伐。第三，教师应该是多学科的知识者。语文教师不能只知道语文，因为现在的教学愈来愈强调综合，所以语文教师如果不懂一点儿数学、物理等学科的知识，他也很难教好，比如一些诗歌的阐述可能要用到数学、物理的观点。第四，教师是育学的设计者，教师必须助力学生发展，因此他要设计好怎么教、怎么培育学生，使学生有兴趣、志趣主动学、积极学。第五，教师是心灵的疏导者。因为学生在学习的过程中会遇到各种困难，情绪会发生变化，心里会有不同的想法，教师作为引导学生成长的人，必须助力学生的心灵塑造。

主持人： 吴教授，您怎么看待现在对教师的要求？

吴文峻： 我觉得新的技术，比如人工智能在智慧教育中的引入，可以极大地把教师从各种烦琐的、单调重复的教育任务里面解脱出来，更好地关注改进教学方法、创新教学内容、提升教学质量，当然，这也给教师提出了很多新的要求。教师最主要的责任就是传道受业解惑，立德树人，所以当我们引入新的人工智能教学工具进来以后，教师要先成为工具的使用者，熟悉它、善用它。现在，人工智能并不能够完全替代人，更多的是起到一种辅助性的作用。所以要研究如何把工具和教学流程、教学方法有机结合，充分发挥技术的作用。

另外，关注智能工具的引入对中小学生以及对大学生的不同影响，正确地评估它积极的和不足的地方，以更好地在教学中使用它，甚至为工具的进一步提升，为从事技术工作的人员提供更多反馈建议。

同时，人工智能在教育当中的应用，使得教师更具开创性的思维和思辨性的思维，有利于其将学生培养成未来具有创新精神的新时代人才。

五、科技赋能智慧教育的路径与前景展望

主持人： 李校长，您觉得现在科技赋能智慧教育对学校来说还面临哪些问题？该怎么解决？

李华： 我觉得基层学校要发展智慧教育有三条路径可以借鉴。第一个是规划引领。紧跟教育改革的发展趋势来制定、实施并不断优化智慧学校的发展规划。第二个是技术支撑。基于科技赋能智慧教育的应用场景，持续更新与教育深度融合的技术平台。第三个是动力激发。让学生、教师、家长、管理者能够真切地体会到科技赋能教育的优点，凝聚教育信息化建设的不竭动力。其实在学校里，教师是科技赋能教育的学校主体，有三个要求需要达到，第一个是要敏锐地认识和把握智慧教育的动向，主动构建与之适合的专业素养。第二个是行动能力，将教育技术理论付诸实践，实现教育行为的转变。第三个是创新意识，创造出可供复制的教育成果，为科技赋能教育贡献力量。

主持人： 李校长有非常具体的规划。陈教授，您看未来我们要给予智慧教育哪些支持？您眼中比较理想的状态是什么？

陈光巨： 第一，国家平台的资源要比较容易用也比较好用。第二，对于

学校、家庭来说，要让设备和产品能够用起来，以发挥智慧教育的优势。因为现在怕影响孩子的眼睛，很多学校用得很少，学校要让用、想用，产品必须优质。第三，对于教师和学生，我觉得要会用和善用，要对学生健康成长有利。

国家平台的资源适应性要强，质量要好。所以从国家平台建设来说，适应性和质量是非常重要的。

主持人：吴教授，您觉得未来我们要给学校什么样的支持，怎样做得更好？

吴文峻：在推进科技赋能教育过程中，学校还有国家级平台都会发挥非常独特的作用，特别是在集聚资源普惠推广方面的作用，我们可以形象地说是教育大脑。为什么这么说？第一，无论是学校级、区级还是国家级的平台，都有能力收集大量学生和教师的各种教学行为数据，能够比较详尽地收集各个学科门类的知识图谱，能够将各个学校和公司、企业开发的智慧教育工具进行集成，把它们当中有效的创新要素组合起来，打造成非常强大的教育大脑，为教学的诸多环节提供助力。同时我们要注意到，现阶段使用的人工智能非常依赖于知识图谱和行为数据，那么当"教育大脑"汇聚了足够多的数据，就可以从量变到质变，使其中应用的各种智能的算法、智能工具的效能得以倍升，更好地服务于更广泛的教育人群。第二，不同层级的"教育大脑"可以形成覆盖全国的智慧教育网络，实现教育资源的充分共享。在现在的人工智能技术中，人工智能的算法和模型可以通过各种方式进行定制，轻量化、层次化、适应性。所以当大大小小的"教育大脑"形成了非常强的智慧教育的模型库、算法库以后，通过非常简便的定制就可以实现转化甚至是升级，并将其推广到更多教育的场景里、不同的地区甚至是不同区域的文化背景下的教育场景里，最大限度地发挥"教育大脑"的辐射作用。

主持人：今天非常感谢李校长给我们带来了生动的、可以复制推广的实践经验，也谢谢两位教授的解读。希望在未来有更多的科技成果可以转化、应用到校园里，让科技赋能智慧教育，推动教育的高质量发展。

扫一扫，观看访谈视频

挖掘教育大数据的价值潜能
推动教育系统创新与变革

——访黄磊、杨现民

黄磊

北京交通大学二级教授、博士生导师，国家大数据专家咨询委员会委员，国家物联网重大应用示范工程专家组成员，教育部第二届教育信息化专家组成员，中国信息经济学会副理事长。对物联网、大数据等新型信息技术在国家与行业中的应用有长期深入的研究。近年来在《管理世界》《中国软科学》《情报学报》等国内外著名学术刊物和会议上发表论文 10 余篇，其中多篇被 SCI 等三大检索收录。

杨现民

江苏师范大学教授、博士生导师，校党委委员、人事处处长、智慧教育学院院长，江苏省教育信息化工程技术研究中心常务副主任，江苏高校"青蓝工程"优秀教学团队——信息化与智慧教育团队带头人。主要从事智慧教育、教育大数据、网络学习资源等研究。主持国家社会科学基金、国家自然科学基金等各类纵向和横向课题40 余项，发表学术论文、报纸文章等 170 余篇，出版著作与教材 10部，获全国教育科学研究优秀成果奖、江苏哲学社会科学优秀成果奖等省部级奖励 6 项。

一、大数据的概念

主持人：大数据在生活中的应用已经非常广泛了，大数据这个名词对大家来说也是耳熟能详的，可是大数据究竟是一个什么样的概念，怎么用？请黄教授先说一说。

黄磊：大数据在各行各业、社会经济生活的各个领域都在发挥巨大的作用。我讲课的时候经常喜欢用一张图片，就是北太平洋洋流情况图。这张图片的数据来源于天上的卫星、气象的气球和船舶拖曳的传感器，还有陆地沿岸大量的传感器，是通过采集了一年半的海量数据加工出来的。因为洋流通过肉眼是看不出来的，但是借助这些数据的加工，我们就可以清楚地看到洋流的具体形态，包括风向的变化、温度的变化、盐度的变化。所以我们说大数据就是通过挖掘出海量的数据中蕴藏的规律，来加深我们对客观世界的认识。

主持人：因为这个数据量足够大，所以我们可以判断出其中的规律。其实在日常生活的衣食住行中，大数据也应用得很广泛，比如在一个十字路口，这个红绿灯要设置多少秒，其实也是大数据计算出来的结果。杨教授，您是不是可以给我们举更多大数据在生活当中的应用案例？

杨现民：刚才黄教授讲的是气象大数据的例子，主持人提到的是交通大数据的例子。我举两个例子，一个是智能化导航。其实智能化导航背后就是大数据技术的支撑。导航的时间目前是通过海量的行程数据，包括实际的道路车辆的行驶数据预测出来的。而且预测的精准度越来越高，基本上可以达到分钟级。我想未来随着交通大数据的丰富化，数据挖掘技术会越来越先进，可能会达到秒级。另一个例子是测骨龄。小孩子把手一伸进机器，几秒钟后，检测报告就自动出来了。骨龄测量背后依赖的是海量的小孩子手骨的图像数据，有了海量的图像数据，再加以各种模型的构建、算法的设计，就能非常精准地判断孩子的骨龄是多少。我觉得这两个都是非常贴近生活的大数据应用案例。

二、我国大数据的发展现状

主持人：两位教授分别跟我们举了一些大数据应用的例子。那么，从整体情况来看，目前大数据在我们国家应用的水平怎么样？

黄磊：大数据现在在我们国家应用得非常深入和广泛，各行各业都得到了巨大的发展，国家层面也非常重视，尤其是要促进数据要素的安全、便捷流通。现在我们常说，有些行业可能应用得还不足，有些行业的应用现在要走向大数据阶段。但大数据的应用不能过头，要注意隐私的保护和数据的安全。可以说大数据的各项应用现在是如火如荼，形势非常好。

主持人：我看到过一个比方，数据就是信息时代的原油，一方面我们要善用，另一方面也不能滥用。杨教授您有什么样的看法？

杨现民：国务院在 2015 年发布了《促进大数据发展行动纲要》，提出要加快建设数据强国，经过这六七年的发展，我们中国的大数据产业，不管是在技术水平上还是在应用水平上，我觉得都是突飞猛进的。有报告显示，我国大数据从技术水平上来说目前已经进入了第一梯队。就应用水平而言，我觉得比技术水平还要好，其应用领域非常广泛，包括交通、医疗、金融、政府、电信、农业、教育等领域。但也确实如您所言，大数据存在滥用现象。比如大数据杀熟，我觉得这不是技术本身的问题，是技术在应用的过程当中相关监管制度和保障机制缺失或不完备所导致的。这应该是下一步大数据产业发展与技术应用急需加强的地方。

三、大数据在教育领域的应用现状

主持人：我们今天要讨论的是大数据在教育当中的应用，它是有一定的特殊性的。两位教授认为现在大数据在教育当中的应用状况怎么样？

黄磊：大数据在教育中的应用促进了我们国家教育事业的发展，特别是促进教育的均衡性。教育是双方互动的过程，包含了教和学，教师要了解学生学习的情况，了解学生对各个知识点接受的程度，这些了解都要通过大量的教学过程中的案例来进行深入的分析和挖掘，这样才能真正地促进个性化发展。现在教育大数据在学习分析，以及基于大数据的知识组织方面发展得非常好。

杨现民：大数据之于教育的核心价值在于推动教育发展模式的转型升级。以往更多的是一种经验驱动的教育发展模式，有了大数据之后，我们开始转向数据驱动的发展模式。数据驱动的发展模式显著性地增强了教育的智能性、科学性。比如智能性，在基础教育用得比较多的智能批改技术，它背后依靠的是"大数据＋人工智能"的算法，可以极大地提升作业与考试试卷的批阅速度和准确率。再如科学性，教育不像自然科学一样，它很难去做重复的实验，有了大数据之后，我们可以基于海量的、客观的、多维的数据去洞察、解释某一种教育现象，进而发现规律、识别问题、改进教学。举个例子，国内基础教育领域正在推进数据驱动的精准教学改革，我这几年也一直在跟踪这个项目。有一次我走进一个小学数学的课堂，课堂上教师在教小数点的加减法，他在教完之后设计了 5 道随堂测试题，根据测试题的反馈，学生的结果正确率不到 70%，这与教师的经验产生了很强的冲突，他以为正确率应该在 90% 以上，还好这位教师根据此结果临时调整了后续教学活动，布置了更有针对性的练习作业。这件事虽小，但确实反映出数据在辅助教师决策方面的独有优势。

四、大数据在教育领域应用的优势所在

主持人：教育教学往往是动态的过程，以前是靠教师的经验，加上了大数据之后，您看到了哪些变化？哪些新的优势？

黄磊：应该说通过课堂全方位的监测，通过物联网来自动获取学生在听教师讲课过程中的各种反应，我们可以利用图像分析、大数据挖掘，反映学生对教师讲的各个知识点的接受程度。

这就是教育大数据的优势所在，它可以更好地提高教学效果，促进实现个性化。

杨现民：我觉得有大数据与没有大数据相比，有两个比较突出的优势。第一个优势是我们基于长周期、多模态数据的连续采集和分析，对教育的对象、教育的现象有一个更加全面、真实、客观的认识和把握。举个例子，徐州市云龙区这几年教育信息化的投入非常大，政府给各所学校配置了很好的智能化装备。政府想了解究竟有了智能化装备之后，教师们的应用情况、学校的应用情况怎么样，他们便给所有终端安装了应用跟踪监测软件，它只要一开机就能监测到教师在什么地点用了什么样的装备做了什么。我想通过这种对装备大数据的持续跟踪监测，可以更好地帮助管理者推进数字化终端设备的常态化应用。第二个优势是基于大量的数据能够增强教育的预测能力以及风险防控能力。比如目前在中小学领域，大家比较关注学生的心理健康问题，很多中小学都建立了相应的心理健康监测预警机制，就是通过大量的学生样本数据做建模、分析，根据学生过往的各种行为或者言语表现，来预测、识别可能会出现问题的学生，提前做好安全的保障。

五、基于大数据的学生综合素质评价

主持人：杨教授最近在做基于区块链的学生综合素质评价系统，这是一个什么样的评价系统？数据是怎么采集的？

杨现民：教育评价改革是一块"硬骨头"，比教育教学方式的改革还要难。2020年，中共中央、国务院印发《深化新时代教育评价改革总体方案》，明确提出要改革学生的评价，那么改革的方向是什么呢？就是要促进德、智、体、美、劳全面发展。教育部也印发了有关开展学生综合素质评价的相关文件。各个地方都在探索，比如徐州市云龙区就在做基于区块链和大数据的学生综合素质评价系统。综合素质评价最终的目标是要改变当前简单地以考试成绩作为唯一标准来评价学生的模式。教育系统中有一部分数据是可以常态化采集的，比如历次考试成绩，特别是智育方面的数据；而比较难的是德育、体育、美育和劳育这方面的数据，因为很难通过一张试卷把它们测出来。怎么去解决这个问题？这就涉及要通过计算机视觉技术、物联网技术，把学生在校园、家庭常态化的一些表现性行为数据采集起来，然后再结合一些科学的评价模型的构建，去对学生的综合发展情况进行客观评价。为什么要用区块链的技术去做？因为在构建综合素质评价系统的过程当中，如何保证评价数据的安全和可信是实践过程中面临的一个实际问题。而区块链技术恰好能够比较好地解决数据安全以及数据互信的问题。本质上来说，区块链有两个很重要的特点与综合素质评价数据安全的需求比较贴切，一是数据难以篡改，二是去中心化。基于这两个特点，我们所构建的学生综合素质评价系统所记录的每一条信息应该都是真实、可靠的。基于这些真实、可靠的综合评价数据，才能够进行更为科学、更为公平公正的辅助考试招生制度的改革。大数据技术和区块链技术，虽然名称上是两种不同的技术，但其实这两种技术在构建学生综合素质评价的过程中，要相辅相成、相互助力。大数据技术能够把很多以学生为中心的方方面面的德、智、体、美、劳的数据伴随性地采集出来，区块链技术能够把采集到的每一条数据，包括评价的结果数据、过程数据等等，以比较可信、安全的方式进行存储、传递、发布、共享，以便招生院校参考、使用。

六、大数据应用在教育领域所面临的挑战与发展路径建议

主持人：教育有它的特殊性，大数据在教育领域应用面临的挑战是什么？

黄磊：教育是一个综合性的问题，教育的效果包括学生学习的效果，是和学生的德、智、体、美、劳各方面相关的，特别是学生在校外或者在家里的行为和情绪，都是直接影响学习成绩的，所以现在大家希望尽可能多地去采集这些数据。

现在有很多企业，包括科研单位都提出利用可穿戴式的设备，全程 24 小时不断地采集数据，这其中的一个难点就是这些数据可能会包含很多学生个人隐私的信息。如何保证这些数据的安全？这就是一个问题。刚才杨教授也专门提出来了，区块链能保证数据的传送安全。现在还有一个问题，数据采集应该是学校的行为，采集的数据应该在学校，但是学校本身并不具备分析数据的科研能力，真正具有科研能力的是教育研究机构和一些教育企业，而学校的数据是关系到学生个人的信息，学校如何把这些原始的数据原封不动地交给别人？

这样就会涉及数据安全的问题，隐私计算恰恰能解决这个问题，这就是所谓的"原始数据不搬家"。对于教育科研机构和教育企业来说，数据是可用但是不可见的。通过联合建模的一些手段，可以得到基于原始数据建模的一些结果性数据，但是个性化的原始数据还是留在学校本地。这也是解决数据安全共享的一种可控的、保护信息不泄露的办法。这种办法最早是在生物医学领域运用，因为很多医疗机构要提高医疗技术，需要共享各个医院的数据，但是病人的数据是受法律保护的，所以隐私计算是从这个领域开始的。现在我们可以看到教育也是一样的，隐私计算就是让学生和家长放心，数据是绝对不会泄露出去的，原始数据一定保存在学校，不会传递到其他任何地方。

关于生态的问题，我们说数据采集到最后要形成一个社会生态，也就是数据采集是需要成本的，最后分析出来的数据要应用。我们国家立了很多项目，比如物联网项目、大数据示范应用项目，我也经常参加评审，最后要问的问题就是如何实现可持续的发展？国家投入是有限的，如果都是国家公益性质，那也并不现实。产品如何实现商业价值，再反过来促进科研？科研成果到最后都是要转化到实际中的。

主持人：所以要实现可持续可能还要在数据的计算和应用之间有一个良性的循环。

黄磊：是的，并且这种应用要被市场认可，要真正地产生经济效益。

主持人：杨教授，您看到了什么样的难题？怎么解决？

杨现民：大数据在教育领域的应用面临着诸多挑战，我感受到的有几个层面。第一个层面是技术层面，各种可穿戴式的设备采集技术越来越先进，数据采集越来越便捷，而数据模型的构建却面临很大的挑战。我发现很多企业构建的数据模型偏简单化。比如这种模型绝大多数还是以描述性分析为主，只包含部分诊断性分析。大数据最大的优势是预测性，预测性的准确度现在还存在比较大的问题，这是关于模型构建更精准、更科学、更高效的问题。第二个层面就是管理层面，从制度和规范上要做好师生的隐私保护，尊重教育伦理。前两年有小学通过让学生戴头盔去采集课堂学习状态，在当时引起了不小的轰动，这涉及隐私问题和伦理问题。数据采集的边界在什么地方？哪些数据可以采？哪些数据可以用？这需要从制度层面去做好顶层设计。第三个层面是效用层面。我们说一项技术具有很大的作用，究竟这种作用的凸显度怎么样？有多少教育的改革和变化是由大数据技术的应用所引起的？这个在很多实践领域大家都会打问号。我想这种疑惑就会制约大数据与教育教学深度融合的进程，那么怎么去破解这种问题？我认为有几个思路，第一是我们要坚持问题导向，面向教育需求。比如很多企业在研发教育大数据产品的时候能不能与高校的科研机构或者一线的教育机构加强合作？了解教育的实际需求是什么，了解教育教学实际运行的业务逻辑是什么。第二是要加强高水平研究，比如说应用效果的评估，能不能够开展一些长周期、大规模的应用检验？利用大的场景去检验成效，能够出一份比较可信的，家长、教师和学生都认可的报告。第三是健全相关法律和标准，包括数据的安全意识、伦理底线，这些都很重要。什么样的行为是合理合法的，我觉得这个边界不是太清楚。第四是加强用户能力建设。教育大数据应用的关键障碍之一是用户，特别是用户的数据素养存在短板。从调查的结果来看，目前有些中小学教师整体的数据素养水平还远未达到良好的程度，这会直接影响大数据技术在教育教学当中应用的广度、深度、速度。

主持人：大数据在教育当中的应用也跟其他领域一样，不断遇到问题，但是各位专家、学者都在不断探索解决方案。非常感谢两位做客我们的节目。

扫一扫，观看访谈视频

当教育遇上虚拟现实和元宇宙
带来哪些教育教学新形态

——访刘革平、蔡苏

刘革平

西南大学教授、博士生导师，教育学部教育技术学院院长，智慧教育重庆市高校工程研究中心主任，国家级一流本科专业负责人。国际华人教育技术学会（Society of International Chinese in Educational Technology，SICET）主席。近年来，主持省部级及以上科研项目9项，在CSSCI、SSCI、SCI期刊和国际学术会议发表论文60余篇。研究领域为智慧学习环境、在线教育系统、教育信息化战略等。

蔡苏

北京师范大学教育学部副教授，"VR/AR+教育"实验室主任，"移动学习"教育部－中国移动联合实验室副主任。美国哥伦比亚大学访问学者，中国仿真学会3D教育与装备专业委员会委员，北京高等学校青年英才。研究方向为虚拟现实/增强现实技术教育应用、STEM教育。主持国家自然科学基金、北京市教育科学"十三五"规划、北京市自然科学基金等项目。

一、虚拟现实、元宇宙的概念

主持人： 为了让大家能够更加直观、更加深入地去理解这个主题，想先请两位来科普一下，什么是虚拟现实，什么是元宇宙？它们又和我们的工作、生活、学习有什么样的联系？

蔡苏： 虚拟现实是计算机生成的一个非常逼真的三维视觉、听觉、嗅觉、触觉等感官世界的技术。虚拟现实有三个基本的特征，分别是沉浸性（immersion）、交互性（interaction）和想象性（imagination），也被称为虚拟现实的 3i 特征。2017 年，我国虚拟现实领域顶级专家、中国工程院院士赵沁平教授把 3i 特征拓展为 4i，第四个 i 就是智能性（intelligence），所以未来虚拟现实会呈现越来越多的智能化特征。而元宇宙，到目前为止还没有一个比较权威的、统一的定义，我们通常认为元宇宙是人工智能、虚拟现实、增强现实、区块链等新技术的综合，它给我们带来了一个新型的、虚实融合的互联网应用和社会形态。

刘革平： 从国家政策来看，"十四五"规划当中专门把虚拟现实和增强现实纳入数字经济的重点产业，这说明虚拟现实技术和以虚拟现实为核心的，包括增强现实、元宇宙技术，将会成为重点产业和支柱性产业。从具体应用来看，目前虚拟现实主要应用在模拟训练，也就是说汽车驾驶，甚至是飞机驾驶员的模拟训练当中；教育领域里有大量的虚拟实验；游戏行业里面也有广泛的应用。而元宇宙还处于开发和小规模的试用阶段，在一些科幻电影当中有所涉及，比如我们大家所熟知的《阿凡达》《头号玩家》等电影，已经给我们展现了元宇宙这种虚拟世界的一些场景。

二、教育元宇宙的概念与特征

主持人：今天我们要探讨的是教育元宇宙，它的概念具体是什么？特征是什么？

刘革平：教育元宇宙就是元宇宙在教育当中的应用形态。一般情况下，我们会从环境、资源、模式、活动以及评价等方面来描述元宇宙对教育的支持，第一个方面，利用元宇宙可以赋能智慧教育环境。元宇宙可以形成虚实融合的学习环境，各种学习机会和学习场景都可以在元宇宙当中模拟、实现，特别是元宇宙还提供了一种开放、创造的机会，让教师、学生可以在其中发挥自己的想象，创造适合自己的教育场景。第二个方面，元宇宙可以提供多样化的教育资源。数字化的资源离不开各种技术的支持，元宇宙提供了沉浸式的技术，让学习者沉浸在学习资源当中，而且这个资源也是多模态的，也就是说学习者可以通过视觉、听觉、触觉、嗅觉来学习。第三个方面，元宇宙可以创新教育教学模式。利用元宇宙可以构建情境式教学、探究式教学、项目式教学，甚至是游戏化教学。第四个方面，元宇宙可以支持多样化的学习活动，可以通过虚拟现实、元宇宙为学习者的学习过程精准画像，也会为不同的学习者塑造不同的学习场景，丰富学习活动。第五个方面，元宇宙可以实现智能化的教学评价。可以通过智能技术对学生学习过程的每一个环节进行数据记录，并且基于这些数据进行过程性评价，跟踪学生的学习过程，给他们提供及时的帮助。这是一种真实性的评价，因为它伴随着学生的学习环境、学习过程的真实状态，也是一种基于数据的精准性评价。另外，这种评价是从原来的知识本位向能力培养迁移的一种良好的评价形式。

主持人：虚拟现实和教育元宇宙看起来好像是两个概念、两项技术，但实际上又是结合着出现在我们眼前的，和我们生活、学习产生联系的，是这样吗？

蔡苏：对的。元宇宙还有虚拟现实在教育领域里算一个新生的事物。但教育领域中，一些传统的教学理论对这方面也有支撑，比如行为主义，它是教育学家桑代克提出的，即学习是刺激和反应的联结，人是由刺激得到反应而完成学习的。人在真实世界中或者在虚拟空间中，总是会通过一些视觉、听觉感官的刺激，然后再做出一些反馈，这就完成了学习。还比如具身认知理论，它是心理学家梅洛·庞蒂在反对笛卡尔的身心二元论的基础上提出来的，即学习者的认知、身体和环境这三者进行有效的互动时，人才会发生学习。学习者不管是在真实环境还是在虚拟环境中，都会与学习对象及其所处的物理环境或者虚拟环境发生一些互动，当这些互动有效的时候，那我们就认为学习发生了。再比如，学习环境当中有很多建构的工具和表现的场所，符合教育理论里面的建构主义者提出来的"把实验室搬到课堂当中""学习是一种建构的场所"的观点。所以大家可以看到，元宇宙、虚拟现实虽然说是新生事物，但是在传统的教育理论中也是有理论支撑的。

另外，虚拟现实（virtual reality）就是虚拟和现实。这是一个大的、宏观的、广义的说法，其实在虚拟现实这个大领域里面有一个分支叫作增强现实，增强现实就是既有现实又有虚拟，它有虚实结合的场景，这个在教育领域里面也有非常广泛的应用。

三、虚拟现实、元宇宙在教育领域的应用现状与应用场景

主持人：目前的学习、生活和工作当中，虚拟现实和教育元宇宙已经发展到什么样的阶段了呢？

刘革平：虚拟现实和元宇宙都是不断发展中的技术，目前来看，对教育产生的影响主要体现在以下四个方面。第一个方面是可以借助虚拟现实和元宇宙等一系列的技术，构建沉浸式的虚拟学习环境。在教学中需要开展情境教学，但我们不可能每一次都能到真实场景中去，通过虚拟现实和元宇宙技术，可以构建一种沉浸式的、虚拟仿真的学习环境。第二个方面是在虚拟实

验当中，有很多理论的学习需要实验的辅证和验证，而且还要训练学生某些方面的动作和技能。在真实的实验室当中，学生操作的机会是有限的，因为实验室的使用时间有限；由虚拟现实和元宇宙构建的虚拟实验室可以增加学生技能训练的机会，而且可以允许学生试错，系统还会给出适当的反馈。第三个方面是可以通过虚拟现实和元宇宙来进行体验式学习。有一些知识、一些场景是没有办法在现实社会中体验的，比如教授学生在火灾中如何逃生，地震来了如何避免受伤，这些是没有办法在真实场景中学习的，这就可以通过虚拟场景的方式来模拟体验。第四个方面是可以利用虚拟现实、元宇宙这样的技术来构建个性化的学习场景，真正的因材施教很难在课堂上实现，因为一位教师要教几十位甚至更多的学生，针对每一位学生制定学习内容、学习策略和学习步骤是不可能的。在虚拟现实和元宇宙场景当中，借助数字化的优势，可以为每一位学生定制学习内容、学习步骤，甚至是教学策略，而且还可以通过虚拟现实仿真智能学伴，让学生跟"同学"一起学习。

蔡苏：学生戴上虚拟眼镜和头盔，进入一个完全沉浸的虚拟空间，这其实只是其中的一种形式。人生活在真实的物理空间当中，而真实的物理空间又有很多我们做不到的事情。比如我想去看天体运行的规律，想去看微观的物质世界；还比如爆炸的一瞬间非常快，千百万年自然的演化过程又非常慢，而人的一生很短暂，这些过程我们都看不到，但是我们可以通过虚拟现实技术把空间维度、时间维度进行拓展和延伸，实现我们现实生活当中不能做到的，或者是成本代价很高的这些情景。

四、虚拟现实与元宇宙的关系

主持人：虚拟现实和教育元宇宙实际上是结合着呈现在我们眼前的，那它们二者之间又有怎样的关联和相互作用的关系呢？

蔡苏：元宇宙是一个综合性的技术集合，它其实就是把市面上这些最新的前沿技术，包括人工智能、虚拟现实、区块链、大数据等整合起来了。虚拟现实是其中的一门技术，我们去谈元宇宙的时候，人们会从视觉的感官体验上去想它。

刘革平：简单说，我们要通过虚拟现实技术进入范围更广、交流更多、逼真度更高的元宇宙的情境当中。所以一般说，虚拟现实是元宇宙最核心的技术。另外，元宇宙在虚拟现实、增强现实这些技术的基础之上拓展了社会环境，这种社会环境就像我们现在人与人之间有朋友圈、有同学、有师生关系一样，在元宇宙当中，现实社会当中各种各样的社会关系都存在，我们每一个人、每一个用户将来进入元宇宙以后，都有一个自己在元宇宙里面的形象，每一个人都有一个自己的化身，化身与化身之间、化身与真人之间都可以进行相互的交流和互动，这样就形成一个与现实社会平行的虚拟空间。

主持人：如果我们要进入教育元宇宙当中，只能通过虚拟现实技术这一唯一的途径吗？

蔡苏：进入教育元宇宙，虚拟现实是一个入口，但是它绝对不是元宇宙底层的唯一技术。有一种说法是元宇宙底层有六大关键技术，分别是网络计算技术、物联网技术、区块链技术、人机交互技术、电子游戏技术和人工智能技术。像5G、边缘计算，其实是为元宇宙的底层的网络基础设施提供了基础。芯片为元宇宙去感知真实的物理世界提供了连接的入口。而区块链技术的去中心化特征、分布性特征，为教育管理和教育过程当中所生成的数据提供了一些安全保障。另外，以计算机图形学、计算机视觉、人机交互等底层技术为基础的虚拟现实、增强现实的学习环境为教育元宇宙提供了无限的想象空间。电子游戏技术让我们的学习变得非常有趣。我们现在经常看到的智能导学、个性化的推荐，其实得益于人工智能技术的大力发展。所以我们非常期待未来元宇宙技术能为我们描绘一个绚丽美好的未来教育图景。

五、虚拟现实、教育元宇宙的理想应用场景

主持人：教育元宇宙理想的应用场景有哪些呢？它的优势又是什么？

刘革平：虽然元宇宙现在属于开发和探索中的技术，但是我们有必要去描绘和构建相应的教育场景，为元宇宙本身的开发提供支持。我认为元宇宙可以在数字教育、全纳教育、职业教育、终身教育等几个方面构建不同的场景。第一个方面是数字教育，可以利用元宇宙打破物理边界，建设虚拟博物馆、虚拟艺术馆、虚拟科技馆、虚拟社团等不同的学习场景，让学生们提升自己的技术或者人文素养。第二个方面是全纳教育，全纳教育要让每个人都有机会获得高质量的教育。针对一些特殊学习者，我们可以利用元宇宙创设无障碍的学习环境，实现特殊学生和正常学生共同成长。第三个方面是职业教育，职业教育特别强调技能培养，通过元宇宙可以打通不同的地理位置上的学校和企业之间的连接渠道，共同构建虚实融合的实践和实训环境，加强职业教育学生技能的培养。第四个方面是终身教育，利用学分银行来打破教育壁垒，让每位学生在不同的学习场景、不同的学习机构所学习的课程都可以在学分银行里面积累学分，这样实现各种教育资源的融通，发展不同人群的终身教育。

蔡苏：职业教育领域的实训有很多是需要学生去动手实践操作的，但是很多场景需要大型的仪器设备，这些仪器设备非常贵重，很多学生在贵重仪器上操作，仪器损坏的代价很高。所以可以借助虚拟现实技术为学生创设这样一种虚拟环境，让他们在这个虚拟环境当中先学习、熟悉，当学生达到50%或者更高的熟练程度之后，再使用真实仪器。虚拟场景与真实空间中的学习不是替代的关系，是互为补充。

主持人：目前来看，教育元宇宙发展到了哪个阶段？要想进一步把它落地，该从哪些方面着手？

蔡苏：现有的元宇宙相关技术，可能还达不到宣传上所描绘的那么完美，因为人们还是生活在真实的物理空间中的，如果总想着把人装到一个虚拟的空间中去，脱离了真实环境，是不现实的。比如教师在课堂里戴眼镜、头盔，去体验虚拟现实的课堂，我们认为至少到目前为止，可能还不是太适合。师生戴着头盔、眼镜，确实可以进入一个非常沉浸的、身临其境的环境当中，但是，他的同桌、他的教师看不到他眼前看到的东西。这其实是把虚拟的环境与真实的空间割裂开来了，这是虚拟现实在课堂当中运用的最大的一个障碍。课堂学习是我们学习的主战场，至少目前这个阶段，虚实结合的增强现实，会对课堂学习有所帮助。因为增强现实没有把现实和虚拟割裂开，在这样的环境中，学生可以体验以往所体验不到的虚实结合的学习情境。因此，目前还是要跟真实环境结合，这样未来才能走入一个完全沉浸的、完全虚拟的教育蓝图中去。

六、虚拟现实、元宇宙在教育领域应用的未来图景

主持人：目前，虚拟现实、教育元宇宙的发展还面临哪些方面的问题呢？又该如何解决？

刘革平：我认为虚拟现实和元宇宙在教育中的应用，目前主要还存在两大问题。第一个问题是我们现在迫切地需要一个元宇宙的大平台来形成对教育资源、教育环境的支持。元宇宙教育大平台的关键技术能否快速地突破，是一个非常大的技术难题。第二个问题是不论是虚拟现实、增强现实，还是元宇宙，其中的教育资源开发是一个难点，它的生产周期非常慢，现在能否形成一些快速的开发沉浸式教育资源的方法是另一个比较大的问题。如何解决这些问题呢？这是需要从教育理论、教育实践和教育模式研究的教育工作者，与技术人员，包括知名的技术企业，一起联合攻关。因为教育元宇宙是一个教育系统，它必须符合教育规律，不能够完全按照技术本身的规律进行研发，要适合教师和学生使用。

蔡苏：我觉得教育元宇宙要落地，可能目前阶段还存在以下几个问题。第一个问题是顶层设计，我们国家陆续出台了一些政策支持元宇宙技术、虚拟现实技术在教育领域里的应用，但是还需要一些细节性的、可操作的文件。第二个问题，现在技术还不够成熟，还需要计算机领域的技术专家进一步去探索。第三个问题，现在对元宇宙这个概念，要警惕资本的炒作。第四个问题是要注意伦理性，包括隐私保护、数据安全、网络空间成瘾等。

主持人： 请两位展望一下，未来如果技术达到一定程度的话，我们应用虚拟现实进入教育元宇宙中，应该是一个怎样的情景？

蔡苏： 回望任何一个新技术的出现，人们往往会高估它在一两年之内的落地和应用，但是又会忽略和低估这个技术可能在未来十年之内的大规模普及。虽然元宇宙技术现在可能还做得不够成熟，但是我相信可能十年之内，元宇宙给我们描绘的美好教育未来的图景能够实现。任何新技术都是一把"双刃剑"，我们应该脚踏实地地做好我们眼前的事情，不去跟风，不去夸大，这样才不会陷入资本游戏中，未来美好的教育元宇宙图景也一定会到来。

刘革平： 我们要坚持教育者的理念和底线，任何新技术的应用都要为教育教学服务。国家正在实施数字中国计划，也开展了教育新基建、新试验。教育新基建实际上就是更多地利用各类信息技术来支持教育的发展。教育部关于教育新基建的文件把教育新基建规划为六大领域，包括信息网络、平台体系、数字资源、智慧校园、创新应用和可信安全。文件也特别指出，要建设物理空间和网络空间相融通的新校园，拓展教育教学的新空间。我想这正好契合了元宇宙的特性，也给元宇宙在教育当中的应用提供了用武之地。我们可以借助虚拟现实、元宇宙这样的技术来构建元宇宙校园，所以我想元宇宙在未来的应用可能是一个完整的元宇宙校园体系。

扫一扫，观看访谈视频

智慧教育为乡村教育
带来"数字春风"

——访郭绍青、曾晓东

郭绍青

西北师范大学教授、博士生导师，智能教育研究院院长，教育部教育信息化战略研究基地（西北）主任，教育部智慧教育示范区创建项目专家组副组长，教育部教育数字化专家咨询委员会会员。主要从事信息技术与教育、技术支持的教师专业发展、教育信息化发展战略、大数据分析技术等方向的研究工作。甘肃省拔尖领军人才。

曾晓东

北京师范大学教育学部教授、博士生导师，联合国教科文组织全国委员会特聘专家。联合国教科文组织女童和妇女教育项目专家、国际劳工组织关注教师人事制度的专门委员会委员、西部阳光农村发展基金会理事长。主要从事教育发展与规划、教师政策和学前教育政策研究。先后获得北京市哲学社会科学"百人工程"学者称号、教育部新世纪优秀人才支持计划资助。

一、我国乡村教育的发展现状

主持人：首先请两位介绍一下目前我国乡村教育，包括智慧乡村建设的基本情况。

郭绍青：乡村教育在近些年得到了快速发展。乡村教育实际上是个大概念，它涉及乡村学校教育与乡村全民教育。从人民教育人民办到九年义务教育，我国从根本上解决了教育起点公平的问题，特别是乡村学前教育近几年得到了快速发展。国家农村远程教育工程的实施，推动了乡村教育信息化的起步发展。近几年国家通过实施改薄、薄改计划，使农村学校办学条件得到了极大的提升。信息化方面，互联网接入乡村所有学校，并配备了信息化教学设备，师生能够通过网络获得国家智慧教育公共服务平台的资源。乡村教师的工资水平、学习机会等方面得到了全面保障。

曾晓东：应该这么说，自新中国成立以来，经过了几十年的发展，乡村教育正面临着升级。过去几十年，通过建教室，配教师、课桌椅、书本等来保障资源。我国现已建立了一个门类齐全、学段完整的教育体系。我国的乡村教育在国家扶贫政策的推动下发展非常快。在原有的资源都得到保证的情况下，现在的升级是靠技术来推动的。近些年，各种各样的智能化终端、各种各样的数字化学习资源也都纷纷引入了乡村教育，所以说，这一次的升级是原来投入产出模型的巨大升级，使乡村的孩子也能够通过智能终端接触到最好的国家教育资源，这是一个根本性的进步。

二、教育数字化赋能乡村教育发展

主持人：我国乡村教育发生了翻天覆地的变化，展现了新面貌。教育数字化在其中发挥了非常大的作用，两位教授对这点有什么感受呢？

郭绍青：教育数字化赋能乡村教育发展主要表现在几个方面。第一个是数字教育资源共享。2000年我国开始推进这项工作，2003年的"农村远程教育工程"加速了数字教育资源共享进程，一定程度上解决了教育资源占有不公平的问题。特别是近几年智慧教育公共服务平台的快速推进使资源共享的深度、广度得到了极大的扩展。第二个是乡村教师专业发展。"国培计划"的实施，特别是中小学教师信息技术应用能力提升工程的持续实施，全面提升了教师的信息素养与信息化教学能力；网络协同教研、协同教学等各种形式，使乡村教师们得到了更好的发展；特别是乡村教师发展中心的建设，如宁夏石嘴山、山西运城、湖南长沙等地都进行了积极的探索。第三个体现在互联网＋智力资源服务方面。这在破解乡村学校教师结构性缺员问题方面发挥了积极作用。典型的应用场景包括三个课堂的应用以及三个课堂的创新应用，例如甘肃所实施的互联网＋师范院校支教工程和其他一些地区努力尝试的网络学校等新型应用模式，这些都对提升乡村教育的整体教学质量发挥了积极的作用。

曾晓东：我给大家描述三个场景，我想这三个场景能让大家很清楚地看到信息技术给乡村教育带来的变化。

第一个场景，国家在智慧教育公共服务平台上建立的基础教育资源，只要是在有网络、有终端的地方，任何一个孩子都能接触到最先进的教学资源。这等于在全国各地都建了虚拟图书馆。

第二个场景，乡村学校规模都很小，教师在学校里面的同伴很少，教师想要加入教科研体系，需要坐很长时间的车到县里去。但是现在不一样了，像共用一块黑板，只要和A教师一起共用黑板，无论B教师在哪里，都能加入A教师的教研体系里，乡村教师能够和城镇教师一起教研，一起研究课怎么上。这很好地促进了乡村教师的发展。

第三个场景，题做不出来又找不着人问怎么办？基础教育平台上有各种各样录好的微课，会把学生可能遇到的问题都罗列在上面。哪道题不会就在平台上找一找，线上就有一位辅导教师有针对性地讲解题目了。这些都是信息化、数字化赋能乡村教育，赋能乡村学生学习的场景。

主持人：通过资源共享，可以把全国的优质教育资源进行整合，同时又输送到全国的各个角落去。所有的孩子都能够一起学习，共同进步。智慧乡村建设其实就是一个途径。那么，教育数字化赋能乡村教育，我们应该如何发力？

郭绍青：当前我国推出了教育数字化转型战略，教育数字化实际上是教育信息化发展的高级阶段。它的核心是数据的价值体现，具体的表现是大数据、虚拟现实、增强现实、人工智能等技术融入教育的全流程、全过程，以促进教育的创新发展，促进教育的全面变革。

教育数字化赋能乡村教育，我们需要从四个方面持续发力：一是新型教育基础设施建设，二是知识类资源的体系化供给，三是智能交互学习环境的普及，四是全面提升"互联网＋智力"资源服务体系的建设。

三、我国乡村教育发展面临的问题与挑战

主持人：想请问两位教授，目前乡村教育的发展还面临哪些现实问题？

郭绍青：乡村教育发展的问题大致可以分为三种类型。一是小规模学校，也就是规模在百人以下的学校，这样的学校主要存在教师的结构性缺员与超编共存的问题，课程开不出、开不好是关键，教师下不去、留不住是现状。二是中心校和乡初中，它们主要面临整体教学质量提升的问题，特别是当前处于实施核心素养教育与教育数字化转型战略的教育变革期，教师面临着系统性的挑战。三是县城的学校，它的根本问题在于发展高质量教育。

整体来讲，这三个方面的问题涉及如何通过教育数字化来促进教师教学能力的全面提升，社会公共教育资源服务如何供给与服务，家庭教育条件缺失如何调度相应的资源去弥补。与城镇学校相比，乡村学校在这几个方面面临着更严峻的挑战。

曾晓东：实际上技术带来的挑战并不仅限于乡村，比如现在国际上非常流行的问题是，学校原有的体系有自己的管理办法。现在的智能化和生成性，

要求学校和外界的资源进行对接，这就给封闭的或者是比较成系统的学校体系带来很大的挑战，包括学校的人员管理如何对接外包资源。

教育部门不仅仅要投入学校体系建设，还要投入外界的服务和资源，而这个问题在乡村会显得更加严峻。由于成本太高，公司不愿免费为乡村学校服务，比如要走几百公里才能和乡村教师共同讨论关于几何画板的智能化问题，以及如何建立起当地学校的个性化的学习机制。

此外，智能终端后续的维护、维修不便问题也是数字化和信息化时代乡村学校所面临的独特的困境。

主持人：郭教授，您怎么看刚才曾教授提到的这个问题？

郭绍青：这是一个非常现实的问题，涉及两个方面，一是规模小，其自身经费不足以支撑网络宽带购买。二是设备损坏的维护问题，更重要的是数字化设备五年左右的更新换代。在这个过程中，一些县区采取了措施办法，比如说省、市、县统筹一定的教育经费，集中使用，以支持乡村教育的数字化支出。在设备的维护方面，例如甘肃甘南藏族自治州教育局采取购买第三方服务的方式，提出相应的条件建立起一套支持体系。这套支持体系中不仅仅有第三方公司的人员，还包括信息中心等一些部门的人员。一旦出现问题就及时响应，通过就近响应来节省服务成本，比如说通过远程桌面来指导相关人员进行维护。但是设备使用经费和换代经费的持续保障，对于乡村地区而言仍然是一个难点。

四、关于乡村教育数字化可持续发展的建议

主持人：刚才两位教授梳理了目前国家乡村教育数字化发展可能面临的一些问题。接下来怎么去解决？有什么建议吗？

郭绍青：在经费上，中央财政提供了相应支持，转移支付资金，政策允许地方根据需要来做信息化建设和支持服务。这需要县区的教育局和地方政府改变思想，将一定比例的经费应用到信息化设备更新、服务购买和教师专

业发展上。另外还要构建起一套支持服务体系，逐步提升乡村教师的整体素养，这个是我们解决日常问题的根本路径。

曾晓东：刚才郭教授为未来乡村教育技术变革提供了一个很好的解决方案。我想来谈一谈它对管理体制的挑战，以及我的解决方案与建议。最近有一个概念叫作县域教育，就是把县作为教育供给的最末端，教师的轮岗、学生的招生都以县为单位进行。强化县作为公共教育供给的基础单元的地位，减少市对县的资源的虹吸效应，郡县治则天下安。但是技术来到新的管理体制中之后，如果信息技术平台、资源整合、终端管控仍然是以县域教育为主要方式的话恐怕不行。因为县存在的最大问题就是规模小、财政支付能力差，财政不足以支撑技术迭代带来的巨大投入，所以我建议在涉及技术管理、平台管理、资源管理等问题的时候，应该采用省管的方式，以更好地统筹终端的管理、资源的管理，推动信息技术、数字化在教学当中的应用。

五、乡村智慧教育发展前景展望

主持人：最后想请两位教授展望一下，随着教育数字化的进一步发展，特别是在乡村地区的发展，未来乡村教育会呈现出一个什么样的美好图景？

郭绍青：随着教育数字化的普及、升级和深化，我们可以看到，服务体系一旦建设完成，学生能够利用智能学习终端，在智能教师与智能学伴的辅助下获得个性化的学习，特别是获得区域化虚拟学校提供的各类学习支撑，包括利用智能交互学习系统、在线智力服务体系完成基础知识和基本技能的学习，而学校将成为学生高级思维发展和素养全面提升的场所。这样一个新的教育生态正在加速构建。随着这种生态的构建，我们将能实现或者回答习近平总书记致国际教育信息化大会的贺信中所提到的，"构建网络化、数字化、个性化、终身化的教育体系，建设'人人皆学、处处能学、时时可学'的学习型社会"。

曾晓东：像郭教授刚才讲的，学生不管在哪里，借助终端和智能学伴都能进行学习；教师也能找到可以共同合作的教师。资源再也不是限制思想和脚步的障碍，而能为我们赋能，让我们插上想象的翅膀，使我们不管身在何处都能获得平等的受教育机会。

2021 年，联合国教科文组织未来教育委员会发布了一个报告，叫作《一起重新构想我们的未来——为教育打造新的社会契约》。目前日、韩出现了一个状态：信息化资源能够很方便到达乡村，公共服务和公共设施也能够很方便到达乡村，很多在城市里的人开始回流乡村，享受乡村社会简单美好的生活。在乡村，不仅能够方便地接触到外部资源，还能享受内心的宁静。这是我对中国乡村建设和乡村教育的一个美好想象。

扫一扫，观看访谈视频

加强智慧教育国际交流
构建智慧教育新发展格局

——访薛二勇、杨俊锋

薛二勇

北京师范大学京师特聘教授、博士生导师，教育部青年长江学者。国家民族事务委员会民族研究优秀中青年专家。北京师范大学中国教育政策研究院副院长、教育学部学科办主任。教育部重大项目"习近平总书记关于教育的重要论述研究"首席专家。中国管理科学学会专业委员会副理事长、中国教育发展战略学会理事、中国教育学会专业委员会副秘书长等。北京团市委委员、大学生和青年教师专委会副主任。

杨俊锋

杭州师范大学教授、博士生导师，教育部教育信息化战略研究基地（北京）副主任，北京师范大学兼职教授，浙江省高校创新领军人才、浙江省之江青年社科学者。主持国家社科基金重点、国家自然科学基金、全国教育科学规划等多项国家级和省部级课题，发表 SSCI、EI、CSSCI 等核心论文 80 余篇（其中 SSCI 期刊论文 15篇）。担任 ICSLE 2014—2019 年的技术主席，ICSLE 2022 大会组委会主席。

一、智慧教育的特征和发展趋势

主持人： 现在各个国家都在推进智慧教育，请两位教授谈一谈智慧教育的发展现状如何，有哪些新的趋势？

薛二勇： 智慧教育在国际上近十年的发展势头非常迅猛，第一个是各国普遍认识到在新的时代要推进教育资源的优化配置，让优质教育资源发挥更大的辐射作用，没有先进的技术、不通过智慧教育是不行的。第二个是长期以来困扰教育教学的一个重大问题——个性化教育。在统一的传统教育教学方式之下，个性化教育的实现很难。智慧教育可以创造一个泛在的学习环境，在统一的学习之外，学习者根据兴趣、爱好、特长选择适合自己的教育。第三个是现在教育评价对于各个国家来讲都是一个难题。传统评价无非就是纸笔测验，这往往是滞后的，而通过智慧教育的一些手段可以使评价变得快速、及时，教师可以迅速掌握学生发展的一些状况，它使评价更加精准了。第四个是智慧教育可以让很多教育内容、教育评价、学习进度可视化。

杨俊锋： 智慧教育是当前教育信息化发展的一个新方向，我国推出了国家智慧教育公共服务平台，很多国家也都推出了教育信息化、教育数字化、人工智能发展规划。智慧教育越来越成为很多国家教育信息化发展的目标和方向。比如欧盟发布的《数字教育行动计划（2021—2027）》，很多国家每隔数年都会发布并修订教育信息化政策来推动智慧教育的发展。我们对相关政策文件进行了分析，发现目前关注的要点集中于教师和学生的数字能力或者数字素养、数据隐私和安全的问题、数据支持的教育治理、新型的教学模式、人工智能和教育的融合等方面。

二、智慧教育发展的管理政策背景

主持人：关于智慧教育，一个是科学家们一直在做技术的更新、技术的迭代，另一个是政府管理、制定政策。智慧教育发展的管理政策应该从哪些方面来分析？

薛二勇：政策涉及三个方面。第一个就是政策鼓励谁来用这些技术，这是一个问题。第二个就是如何去配置这些资源。比如最重要的基础设施和数字化设备的运行要有支持体系，这些都属于资源配置。第三个是要和教育教学结合起来，也就是数字化教育、智慧教育，技术要和教育内容、教材、学情判断以及教师的能力素养结合起来，这样才有生命力和活力。

杨俊锋：智慧教育的政策跟教育信息化的政策其实是一脉相承的。关于智慧教育政策的制定以及教育信息化的政策制定，我有幸作为核心成员参与了联合国教科文组织的一个项目，可以分享一些感想，是联合国教科文组织教育信息技术研究所联合英联邦学习共同体、国际教育技术协会、俄罗斯国家研究型高等大学、北京师范大学共同发起的"重构国际智慧教育政策"（redesigning national smart education strategy）项目。

其中对几十个国家和几十个区域的政策进行了深入分析。主要从六个政策主题做研究和分析。第一是基础设施、网络设备等基础条件的完善与升级。第二是数字化资源平台的完整配置和有效利用。第三是如何利用技术促进课程和教学。第四是学生和教师的数字能力的提升。第五是技术治理。第六是教育行政管理方式。值得强调的是，这六个政策主题在实施的时候一定要建立在合理的机制上，以确保其真正服务于教育和教学的目的，这包括如何实现跨部门协作、如何有效配置资源，以及如何激励优秀实践与成果的产出。

三、智慧教育的国际发展现状

主持人：政策既有引导的作用，也有保障的作用。两位教授是不是可以跟我们分享一下，现在国际上有哪些比较好的案例可以供我们借鉴？

薛二勇：我认为国际上的分化现象非常严峻。有的国家经济水平非常高，技术也非常发达，在推进智慧教育发展上有便利的基础。比如国际上有一些发达国家，因为技术很先进，各个学校、家庭以及社会的技术设施、数字化的设施比较好，所以它们充分利用数字化设施，投放一些与教育有关的内容，学生能够有一个比较好的泛在学习型环境，也就是我们经常讲的随时可学、随地可学、多次学习，甚至在学的过程中有交互和反馈。还有一些国家可能不那么发达，但是国家很重视，在资源的配置上，在新时代发展的重点上令数字化、信息化先行一步，这类国家的教育信息化建设和国家的经济发展水平不一定是匹配的。虽然经济社会发展水平不高，但是数字化的基础设施运用得很好。比如亚洲的一些国家，它们充分利用技术设备的便利性，吸纳国际上一些先进的教育经验，在中小学教育质量改进，乃至大学的教育质量改进都取得了一些成就。

这种分化现象其实体现了信息技术、数字化技术只是一个手段，关键要看对技术的重视程度、资源配置力度，以及教师和学生运用技术的水平和能力。如果运用水平比较高，要素结合比较好，其实可以超越现有的国家经济社会发展水平，在智慧教育方面取得令人惊叹的成就。

杨俊锋：目前国际上非常重视智慧教育发展，各个国家和地区都出台了相关政策。举个例子，爱尔兰教育部 2022 年发布了《学校数字化战略 2027》，战略中提到数字化教育的核心方向，确立了三个基本支柱，第一是要将技术深入融合在教和学中，第二是数字基础设施要优先保障，第三是强调数字化领导力的重要性。在一所学校中，领导团队能够重视数字化，引领其发展。

再举个例子，欧盟公布了一个学校技术应用自我评价工具。该工具旨在帮助学校对其数字化或者是智慧教育的状况进行自我诊断，学校获取诊断报告之后就明确自身在各个方面的进展情况。该工具推出了针对教师的自我诊断工具，教师能够对自身的信息化水平、数字化教学能力进行自我评估。这有助于学校和教师推动技术与教学的深度融合。

四、借鉴国际优秀经验发展智慧教育

主持人： 从两位教授分析的这些案例里，是不是也可以借鉴一些经验为我们所用？

薛二勇： 有人说我们现在已经进入了第四次经济社会发展的革命状态中，也有人说是第五次。我认为现代社会信息化、数字化或者是智慧化时代已经来了，因为基本设施和基本技术能力已经有了。在这样的情况下，能否有效推动智慧教育发展，一是要看政策制定者、教育管理者的重视程度，二是要看资源如何配置，三是要看它的运用状况。

主持人： 您讲的这些也带给了我们一些新的思考。可以畅想一下，在信息时代本身对工业文明和工业社会带来改变的情况下，是不是学校内部也会产生一些根本性的变革？

薛二勇： 是的，学校、家庭、社会这三个主体都会发生变化。第一个，学校教育可以泛在化，原来是接受式教育，学生去上学，要在学校里。在停课不停学期间，实际上不用到学校就可以接受教育，我们看到学校教育已经发生了变化。第二个，原来我们都认为家庭是学生吃饭、睡觉、生活的地方，其实家庭也是一个很好的开展教育的地方。原来我们认为在家庭教育里主要是道德品质、情感态度等方面的教育，其实在家庭教育里完全可以借助智慧教育的手段开展科学文化知识的教育。第三个，原来在社会教育里，我们觉得社会教育要么是做培训提高分数，要么是玩游戏。现在通过一些智慧化的手段，孩子们可以在玩中学，游戏和学习也能结合。所以学校、家庭、社会这几个主体产生了一个巨大的交集，这个交集就是我认为智慧教育可以发力的地方。

主持人：能不能发生这样的变化，当然取决于顶层设计怎么做。可能做顶层设计的时候也有一个平衡点，设计要做好，但不能制定太固化的政策，要留有一定的灵活度。杨教授，这个平衡点怎么把握？国际上的经验可以给我们一些什么借鉴？

杨俊锋：智慧教育的推进是一个系统工程，它不仅涉及顶层设计，还与国家的政策规划紧密相连。有四个基本的杠杆点非常重要。第一，技术赋能的教与学变革，在这个过程中，技术最终要落脚到学习方式和教学方式的变革，形成典型的、新型的教学形态。第二，为教学变革构建智慧学习环境。这个环境应确保基础网络的无缝连接，要有设备，要能够利用相关的平台、工具和资源。第三，国家的前瞻性政策制定，国家有愿景地制定政策。第四，智慧教育的全面性考量。首先是包容与公平，因为技术的应用可能会带来一些不公平的问题，比如数字鸿沟等等，所以政策的制定一开始就要强调包容和公平，让每一个地区的孩子都能平等受益。其次是要有持续改进的文化。智慧教育不是一次性的投入，还要更新、维护和持续改进。最后要强调跨部门的合作，要产生有效的合作伙伴关系。在进行智慧教育整体规划时，这四个杠杆点我想是需要考虑的。

主持人：薛教授，您认为做好政策规划，从国家层面该怎么做？国家层面之外该把握哪些原则？

薛二勇：我认为从国家层面需要做好四个方面。第一个方面，基础设施，因为没有基础设施等于没有依托。对于我们国家来讲，我觉得基础设施"三通两平台"已经基本完成了。第二个方面是能力建设。基础设施建完之后还得能用，如果不能用，它就不能发挥作用，所以能力建设就需要对地方教育管理部门、学校管理者、学校教师、学生进行全员式的培训，而不仅仅对信息技术教师开展培训，包括信息管理、智慧教育的一些基本理念、方法和技术等等。第三个方面是要形成一个运行的规则。有了能力和设备，我们要善用、乐用。第四个方面是制定好标准。所谓制定好标准就是设备或者智慧教育一定是为人服务的，它不是为技术本身服务的。我们发现有些技术太复杂，教师们不易操作，学生们也操作不了，家长、学校管理者也看不懂。这些技术至少对使用的主体来讲不是很友好。所以一定要在好用、管用、能用这些标准上下功夫。

智慧教育和信息技术的推进肯定要依靠多方面的力量。除了政府要做好引导，社会也要参与。有些企业也要参与到信息化建设里，或者掌握智慧教育理念。企业的参与一定要保持初心，技术的最终目的是促进教育教学质量的提升，只有把握住这个目标，企业才能够长久可持续发展。学校要善于寻找社会资源。政府能够做到基本的配备、基本标准的制定，但是学校有很多个性化需求，而且各学校的学情不同、教情不同，掌握的社会资源也不一样。所以一是要根据教情、学情优化智慧教育的资源，二是要进行有针对性的培训、学习、管理，使学校教育在智慧教育的支撑之下"活"起来。

五、发挥智慧教育国际交流优势，传播中国经验

主持人：现在的智慧教育方面的国际交流还会给我们带来哪些好处？未来我们怎么再把它用好？

杨俊锋：国际交流是非常重要的。我们要先了解世界的教育发展现状，再根据现状制定我们自己的目标。我认为现在世界趋于扁平化。在日益扁平化的世界中，教育如何适应不确定性和日益复杂的情况成为迫切议题。教育韧性（resilience）这一概念应运而生，它强调在合适的时机开展线下教学，在必要的时候进行线上教学，这需要系统谋划。联合国教科文组织2021年发布了"教育的未来"报告，这个报告提醒我们要思考三个根本性的问题，哪些我们做得好可以继续？哪些做得不好应该放弃？哪些需要创造性地全新打造？这都为我们在国际交流中提供了新的思路和借鉴。在当前阶段，我们在国际舞台上要发挥更为积极的引领作用，将我们国家优秀的经验，比如教育新基建、智慧教育、智慧教育示范区等等传播出去，形成国际智慧教育共同体，共同推进全球教育的进步与发展。

薛二勇：借着今天这个话题，我有四点想谈一谈。第一点就是智慧的手段或者信息技术的手段，必然对教育的国际交流带来极为深远的影响。原来传统的国际化主要是基于人员流动的国际化，现在可以不用依靠人员的流动，我们称之为在地国际化。所谓在地国际化就是你不来、我不去，人员就在本地，通过教育内容、教育理念、教育手段、教育评价变革来增加国际化的元素。原来基于人员流动的国际化受益面很小，在地国际化可以增大受益面。第二点是智慧教育把世界上优质的教育资源变成一种相对公共的教育资源，通过一定的技术手段、基于一定的协议，人们完全可以通过便捷的途径去了解跨越国界的科学知识和文化，获取最优质的教育资源。第三点是我们可以通过智慧教育的手段，建立一些教师和学生的共同体。在共同体里面，哪怕是偏远的地区也可以主导或者参与。第四点是如今技术手段让世界联系起来。本土先进的经验和模式能够迅速地通过技术手段在全世界产生影响力。现在我们中国的教育在很多方面都是可圈可点的，而且具有很强的世界影响力。

主持人：现在通过技术力量的支持可以实现广泛的交流。通过两位教授的分享，我们非常充分地了解了如今智慧教育国际交流的两个层面。一个是对于学习者来说，大家可以享受全球优质的智慧教育资源，另一个是各个国家关于智慧教育的经验都可以互相借鉴。非常感谢两位教授的分享，带给了我们更多的思考。

扫一扫，观看访谈视频